ଝର୍କା ବାହାରେ ଭାରତ

ଝର୍କା ବାହାରେ ଭାରତ

ଡ. ଶଶଧର ଦାସ

BLACK EAGLE BOOKS
2022

BLACK EAGLE BOOKS

USA address:
7464 Wisdom Lane
Dublin, OH 43016

India address:
E/312, Trident Galaxy, Kalinga Nagar,
Bhubaneswar-751003, Odisha, India

E-mail: info@blackeaglebooks.org
Website: www.blackeaglebooks.org

First International Edition Published by
BLACK EAGLE BOOKS, 2022

JHARKA BAHARE BHARAT
by **Dr. Shashadhar Das**

Copyright © **Dr. Shashadhar Das**

All rights reserved. No part of this publication may be reproduced, stored in a retrieval system, or transmitted, in any form or by any means, electronic, mechanical, photocopying, recording or otherwise without the prior permission of the publisher.

Cover: **Chudamani Das**

Interior Design: Ezy's Publication

ISBN- 978-1-64560-249-1 (Paperback)

Printed in the United States of America

ଉତ୍ସର୍ଗ

ପିଲାଦିନେ ମୋ ହାତଧରି ଚାଲିବା ଶିଖେଇବା ବେଳେ ମୋ ଜନ୍ମଭୂମିକୁ ଚିହ୍ନେଇଦେଇଥିବା ପରମପୂଜ୍ୟ ସ୍ୱର୍ଗତ ବାପାଙ୍କୁ ।

ସ୍ନେହାଧୀନ ଶଶଧର

ମୁଗ୍ଧ ଗୋଧୂଳିର ଗୀତ

ଭାରତର ବିବିଧ ଛବିରେ ଛବିଳ 'ଝର୍କା ବାହାରେ ଭାରତ' କବି ଶଶଧର ଦାସଙ୍କର ଏକ ସଦ୍ୟତମ ଶବ୍ଦ ଶତଦଳ। ତହିଁ ଅଙ୍କିତ ଜୀବନ ଚିତ୍ର ଛାୟାଛନ୍ନ ଜହ୍ନରାତି ପରି ମନୋଜ୍ଞ ଅଥଚ ରହସ୍ୟମୟ। ଭାବର ସାନ୍ଦ୍ରତାରେ ଯେମିତି ନିବିଡ଼ ତାଙ୍କର ପ୍ରତିଟି କବିତା, ସେମିତି ପ୍ରତି ଶବ୍ଦ ସିକ୍ତ ଲଳିତ ଲାବଣ୍ୟରେ।

ସମକାଳ ବୈପରୀତ୍ୟର ଏକ ଦୁର୍ବୋଧ୍ୟ ଛନ୍ଦ। କେତେ ଭିନ୍ନ ସତେ ଏଠି ପ୍ରତୀୟମାନ ପୃଥିବୀଠାରୁ ବାସ୍ତବ ଜୀବନ! ଏଠି ମୂଲ୍ୟ ଓ ମୂଲ୍ୟବୋଧ ଭିତରେ ସଂଘର୍ଷ ଓ ବସ୍ତୁବାଦୀ ବେଗଦ୍ୱାରା ଆତ୍ମିକ ଆବେଗ କ୍ଷତାକ୍ତ। ଲାଭ, ଲୋଭ ଓ ଲାଳସାର ଅର୍ଗଳିରେ ମ୍ରିୟମାଣ କବି ସତ୍ତା। କବିଙ୍କ ଲେଖନୀରେ ତେଣୁ ସ୍ୟାହି ନୁହେଁ, ରକ୍ତସ୍ରାବର ସଂକେତ। ତଥାପି ରକ୍ତକୁ ରକ୍ତ ପଳାସରେ ରୂପାନ୍ତରିତ କରିବାକୁ ଯେମିତି କବି ଶଶଧର ଦାସ ପ୍ରତିବଦ୍ଧ।

ଆଉ କ'ଣ ଆଜିକାଲି ସକାଳ ଓହ୍ଲାଉଛି ଚା' କପ୍, କାଗଜ ଗନ୍ଧରେ? ନା। ଖବରକାଗଜ ପୃଷ୍ଠାରେ ବାରୁଦର ଗନ୍ଧ ତ ଆତଙ୍କ ଅପମୃତ୍ୟୁ, ଦୁଷ୍କର୍ମ ଓ ଦୁରାଚାରରେ ପ୍ରତିଟି ସକାଳ ବିବର୍ଣ୍ଣ। ଭୋଅଟରୁ ଭୋଅଟ ପର୍ଯ୍ୟନ୍ତ ଗାଁ ଫାଟି ଆଁ କରିଛି। ଗାଁ ଦାଣ୍ଡରେ ପୁଣି ସହରର ବାସ୍ନା। ଜହ୍ନିଫୁଲ, ଜହ୍ନରାତି, ଧୂଆଁ, ଧୂଳି ଓ ଧୂମାଳ - ସବୁ ଅବା ଅତୀତର ଗୋଟେ ଛିନ୍ନପୃଷ୍ଠା। କବି ତେଣୁ ଅତୀତ ଆମୁଖତା ବା ନୋଷ୍ଟାଲଜିଆରେ ବିଭୋର ସାମାଜିକ ଅଧୋଗତିରେ ବିବ୍ରତ ପୁଣି ଛଦ୍ମ ଗଣତନ୍ତ୍ର ପ୍ରତି ବିମୁଖ। ଏମନ୍ତ ଚିତ୍ର ଓ ଚିତ୍ରକଳ୍ପରେ ବିଚିତ୍ରବର୍ଣ୍ଣା ଏହି ଗ୍ରନ୍ଥରେ ସଂକଳିତ ଅନେକ କବିତା।

ଗାଁ କହିଲେ ଏକ ଚିରକାଳୀନ ଶିହରଣ, ବାପା ବୋଇଲେ ହୃଦୟର ଏକ ଅଲିଭା ଗାର। ଗାଁ ଦାଣ୍ଡ, ଗାଁ ସ୍କୁଲ, ଆକର୍ଷଣର ଅସରନ୍ତି ଭଣ୍ଡାର। ଏ ସବୁକୁ ଝୁରିହେବା

କବି ଶଶଧର ଦାସଙ୍କ କବିତାର ସ୍ନିଗ୍ଧରାଗିଣୀ। ଝୁରିହେବା ଭିତରେ ପୁଣି କଟାକ୍ଷର ଛାଟ। ଏହି ଯେମିତି :

"ଏବେ ତମ ଗାଁ ଛକରେ କ'ଣ
ଓହ୍ଲେଇଚି ବିଶ୍ୱବଜାର
ଆଗଭଳି ନାହିଁ ଧନୀସା ସଉଦାଦୋକାନ !"
(ତମ ଗାଁ କେତେଦୂର)

ବା

"ବିଜୁଳି ଆଲୁଅ ତଳେ ଗାଁ ଦିଶେ ଅନ୍ଧାର ଅନ୍ଧାର"। (ମୋ ଗାଁ)

ପୁନଶ୍ଚ ଜେଜେଙ୍କ ପିଲାଦିନ ଓ ମଧୁବର୍ଣ୍ଣବୋଧର କଥା ଅତୀତକୁ ଠଣାରେ ସାଇତି ରଖିବାର ଗୋଟେ ପ୍ରବଣତା -

"ମଧୁବର୍ଣ୍ଣବୋଧ
ପଣିକିଆ ମାନସାଙ୍କରେ
ତମେ ଭ୍ରମିଲ ବ୍ରହ୍ମାଣ୍ଡ।" (ପିଲାଦିନ)

ଜେଜେମାନେ ତ କାଳେ କାଳେ ବୋଧିଦ୍ରୁମ, ଛାୟାଞ୍ଚଳ କବିଙ୍କ ମନଛୁଆଁ ଉଚ୍ଚାରଣ ଏମିତି।

"ନଥିଲା ତମ ମୁଣ୍ଡରେ ଛତା
ଖରାବର୍ଷା, ଖାଇ ଖାଇ ଦେଖାଗଲ
ବୋଧିଦ୍ରୁମ ପରି ଗୋଟେ ଶୀତଳ
ଛାୟାଞ୍ଚଳ।" (ପିଲାଦିନ)

ଜେଜେ ବୋଧିଦ୍ରୁମ ହେଲେ ବାପା ବରଗଛ। ହଁ ଛଡ଼ା ବାପା କେବେ କ'ଣ ନା କହି ପାରନ୍ତି ? କବିଙ୍କ ଭାଷାରେ -

"ବାପା ଏମିତି ବରଗଛଟିଏ ଯେ
କେବେ ହଁ ଛଡ଼ା
କାହାକୁ ନା କହି ପାରନ୍ତିନି,
ସେଥିପାଇଁ ତ ଚିରକାଳ
ସେ ବାପା।"

ନିଜ ଚାରି ପାଖରେ ଘଟୁଥିବା ଘଟଣାରେ ସଦା ବ୍ୟଥିତ କବି ପ୍ରାଣ। ବିସ୍ଥାପନଠାରୁ ବଳାତ୍କାର ପର୍ଯ୍ୟନ୍ତ ଯାବତୀୟ ଘଟଣାକ୍ରମରେ ବିଷାକ୍ତ ସମକାଳ ସମାଜ। ଚୁମ୍‌କୀ ଓରାମ୍‌ର ଗାଁ ମଧ୍ୟ ବିସ୍ଥାପନ କବଳରେ ପୀଡ଼ିତ। ବିକାଶ ନାଁରେ ବିନାଶ

ଝର୍କା ବାହାରେ ଭାରତ

ଆଣୁଛି ଶିଳ୍ପ-ସଭ୍ୟତା । ଉଜୁଡ଼ି ଯାଉଛି ଗାଁ, ଧାନବିଲ, ପାହାଡ଼, ଡଙ୍ଗର, ଘନ ଜଙ୍ଗଲ; ବଦଳି ଯାଉଛି ଭୂମି ଓ ଭୂଗୋଳ । ବିସ୍ଥାପିତ ଗାଁର ଦୃଶ୍ୟ କବିଙ୍କ ବର୍ଣ୍ଣନାରେ କେନ୍ଦରାର କାରୁଣ୍ୟ ପରି ଛଳଛଳ:

"ସବୁ ଯେମିତି ଚୁପ୍ ଚାପ୍, ପାହାଡ଼ ପରି,
ଛାତିକୁ ପଥର କରିଛି ଝରଣା
ବଦଳି ଯିବ ବୋଲି ଭୂଗୋଳ,
ଉଜୁଡ଼ି ଯାଉଛି ଘର କରଣା
ବିସ୍ଥାପନର ପ୍ରତିଶ୍ରୁତିରେ ହଜି ଯାଉଛି
ମା, ମାଟି, ମୁଲକ ମଣିଷ ।"
(ଚୁମ୍‌କୀ ଓରାମ୍‌ର ଗାଁ)

ବା

"ମୋ ଡିହ ଉପରେ
ବସେଇଲ କାରଖାନା, ସହର
ନିଅନ ଆଲୁଅ ତଳେ ଲୁଚିଗଲା,
ବାସନ୍ତୀ ଓରାମ୍, ସୁକୁମାରୀ ମୁଣ୍ଡା,
ସୁମନ ହେମ୍ବ୍ରମ୍‌ର ଝାଟିମାଟି ଘର ।" (ଛୁଅଁନା ଛୁଅଁନା ଦିହ)

ସେହିପରି 'ଯାତରା ଯାଆନା ଝିଅ' କବିତାରେ ଆଦିବାସୀ କୁଆଁରୀ କନ୍ୟାର କାକୁତିମିନତି ଯେମିତି ବିଦାରି ଦେଉଛି ମାଟି ଆଉ ଆକାଶର ଛାତି । ଯାତ୍ରା ମଂଚରେ ଖଳନାୟକର ଅଟହାସ୍ୟ, ତ ମଂଚ ବାହାରେ କେଉଁ ଅଂଧାରୀ ଇଲାକାରେ କୁନି ମୁଣ୍ଡାର ଆର୍ତ୍ତଚିତ୍କାର:

"ମଂଚ ଆଲୁଅ ହେଲା ବେଳକୁ
ଝିଅ ଆଉ ସେଠି ନଥିଲା ।
କିଛି ଦୂରରୁ ତା' କାନ୍ଦ ଶୁଣୁଥିଲା ।

XXX

ସବୁ ଚିହ୍ନାମାନଙ୍କୁ ହାତ ଯୋଡ଼ିଲା
ଛୁଅଁନାହିଁ ମୋତେ
ଛୁଇଁଲେ ଛୁଅନ୍ତା ହେବି
ମାସେ ପରେ ବାହାଘର,
ଶୁଣିଲେନି କେହି

ଅପେରା କାନ୍ଦରେ

ହଜିଗଲା ବିଚାରୀ ଝିଅଟା।"

ସମକାଳର ବିଭତ୍ସକାଣ୍ଡ ପରି ରାଜନୈତିକ ଶଠତାରେ ଭାରାକ୍ରାନ୍ତ କବି ମନ। ଭୋଅଟ ଭିକାରୀମାନଙ୍କ ପ୍ରତିଶ୍ରୁତିର ଜୁଆର, ଭୋଅଟ ସରିଗଲେ ସବୁ ଭଟ୍ଟା। କ୍ଷମତାର ମୋହରେ ଭ୍ରଷ୍ଟନେତା। ଭୋଟର ବାପୁଡ଼ା ଯେଉଁ ଅନ୍ଧାରକୁ ସେହି ଅନ୍ଧାରରେ, ଚିରକାଳ। ସେଥିପାଇଁ ତ କବିଙ୍କ ଆଖିରେ ଶେତା ଦିଶେ ଗଣତନ୍ତ୍ର। 'ପାଳଭୂତ' ଆଳରେ କବି ତେଣୁ ନେତାମାନଙ୍କ ଚରିତ୍ରରୁ ପର୍ଦ୍ଦା ହଟାଇ ଦିଅନ୍ତି। କହନ୍ତି, -

"ନେତାଙ୍କ ପରି ଅନ୍ଧାରି ବିଜେ କରି

ସ୍ୱର୍ଗକୁ ନିଶୁଣୀ ବାନ୍ଧିବା ପାଇଁ ଫନ୍ଦି କରନ୍ତି

ପାଂଚବର୍ଷ ପାଇଁ କ୍ଷେତ ଜଗିଥାନ୍ତି।"

କହନ୍ତି ପୁଣି,

"ତମ ଭାଷଣ ବର୍ଷାରେ ଭାଙ୍ଗିଯିବନି

ହୀରାକୁଦ, ଅରପା, କେଲୋ

ଯେତେ ଶକ୍ତି ସମ୍ବଳ।

ମହାନଦୀ ମହାନାଟକରେ

ତମ ମିଛସତର ଖେଳ। (ମହାନଦୀ)

କବିତାରେ ମିଥ୍ ପ୍ରୟୋଗ ଓ ମିଥ୍ ଭିତ୍ତିରେ କବିତା ଲେଖିବାରେ ବି ଅଗ୍ରଣୀ କବି ଶଶଧର ଦାସ। ଧୃତରାଷ୍ଟ୍ର, ଦୟାନଦୀ, ଦୁର୍ଯ୍ୟୋଧନ, କୁରୁକ୍ଷେତ୍ର ଓ ବୈଦେହୀଙ୍କୁ ନେଇ ତାଙ୍କ କବିତା କେଉଁ ଦୂର ଅତୀତ ସହିତ ବର୍ତ୍ତମାନକୁ ଯୋଡ଼ିବାର ଏକ ସର୍ଜନ ପ୍ରୟାସ। କେତୋଟି କବିତାରେ ପୁଣି ତାଙ୍କ ସ୍ୱଦେଶପ୍ରୀତିର ପ୍ରଲେପ ବେଶ୍ ପ୍ରଗାଢ଼। ଭାରତକୁ ବସନ୍ତ ଆସିଛି ହେଉ ବା ହେଉ 'ଭୂସ୍ୱର୍ଗ କାଶ୍ମୀର' ବା ସେହିପରି ଆଉ କିଛି କବିତା ଯେଉଁଗୁଡ଼ିକ ପାଲଟିଛି ଦେଶାତ୍ମବୋଧର ଚାରୁଚିତ୍ରପଟ। ତେବେ ତାଙ୍କ କବିତାର ମୁଖ୍ୟସ୍ୱର ଜୀବନ ଓ ଜୀବନାନୁରାଗ।

କବି ସତରେ କେତେ ଯେ ଭଲ ପାଆନ୍ତି ଜୀବନକୁ ତା'ର କଳନା ନାହିଁ। ଅନୁରାଗ ବିନା ଜୀବନ ଜୀବନ, ନା ଜୀବନ ବିନା କବିତା କବିତା? ପ୍ରେମ ଓ ପ୍ରଣୟ, ପୁଣି ସ୍ୱପ୍ନ ଓ ଶିହରଣ ବ୍ୟତିରେକ ଜୀବନ କ'ଣ ଜୀବନ? ଜୀବନରେ ପ୍ରଥମ ଶିହରଣ କେବେ ଆସେ କାହାକୁ ବା ଜଣା? କିନ୍ତୁ ଶିହରଣ ଥରେ ଆସିଲେ ଆଉ ବୋଧହୁଏ ଯାଏନାହିଁ। ଶିହରଣ ଯୌବନର ମୂର୍ଚ୍ଛନା କେବଳ ନୁହେଁ, ଗୋଧୂଳିର ଗୀତ ମଧ୍ୟ। ସେ ଗୀତର ସ୍ୱର ଏହିପରି:

୧୦ଁ ବାହାରେ ଭାରତ

"ଏବେ ଆମେ ବେଳ ଅଉତା ଡେଇଁ
ସଂଜ ମୁହାଁ ନା,
ନିମିଷେ ଢୁଳେଇ ଆଖି ଖୋଲି
ଦେଖେ ତ ମାଛି ଅନ୍ଧାର
ଦିନ ପରି ଉଜାଲା ଦିଶୁଥିବା
ତମ ମୁହଁ, ଏବେ ଲାଗୁଛି କୁଆଁରୀ
ଝିଅର ଏକ ସ୍ୱଚ୍ଛ ଫୋଟୋଗ୍ରାଫ।"
(ଧର୍ମପତ୍ନୀ : ବୟସର ଅପରାହ୍ଣ)
ବା
"ଉତ୍ତୀର୍ଣ୍ଣ ଅପରାହ୍ଣରେ
ମୋ ଦେହରେ ଅଳସ ବିଳାସ।" (ଅପରାହ୍ଣର ଗୀତ)

କେବଳ ଭାବର ସାନ୍ଦ୍ରତାରେ ନୁହେଁ, ଭାଷାର ଲାଳିତ୍ୟ ଓ ଶବ୍ଦର ବିନ୍ୟାସରେ କବିତାଗୁଡ଼ିକ ବାଙ୍ମୟ। 'ଛାଇ ଠାରୁ ଦୀର୍ଘତର' 'ନଭ ନା ନାଭି ମଣ୍ଡଳ', 'ପାପୁଲିର ବନ୍ଦିଶାଳା', 'ମାଛି ଅନ୍ଧାର', 'ଅରୁଆ ଦୁଃଖ', 'ଆଙ୍ଗୁଠି ଟିପରେ ଟିପେ ଘିଅ', 'ପିଢ଼ାରୁ ଉଲୁରି ଆସୁଥିବା ଲାଉ ଡଙ୍କ', 'ଉହୁଁକି ଚାହାଁନା' ଓ 'ଅଶିଣ ସୁଆଁଟି' ଆଦି ବାକ୍ୟାଂଶରେ କବିତାର ମୁହଁ ସବୁ ଆହା କି ସୁନ୍ଦର ଦିଶେ। 'ଛଳଛଳ ହୁଏ କବିତାର ଆଖି' ତମାମ ଦେଶରେ ଯିଏ ଝଡ଼ି ତୁଛନ୍ତି ଅକାଳରେ "ସେମାନେ ବସନ୍ତ" ବା "ବୁଝି କି ଦରବୁଝା ରହିଯାଏ" ଯେତେସବୁ ଚନ୍ଦ୍ରପକ୍ଷ ରାତି ପରି ବର୍ଣ୍ଣନାର ଚାତୁର୍ଯ୍ୟରେ।

କବିଙ୍କର ଏହା ଚତୁର୍ଥ କବିତା ସଂକଳନ। ପୂର୍ବରୁ ତାଙ୍କର 'ଶ୍ୟାମଳ ସମ୍ପର୍କ' 'ସୁନାଝିଅ' ଓ 'ଅନ୍ୟ ଆକାଶ ଡଟ୍ କମ୍' ନାମରେ ତିନୋଟି କାବ୍ୟଗ୍ରନ୍ଥ ପ୍ରକାଶିତ ହୋଇଛି। କବି ଶଶଧର ଦାସ ଜଣେ ପ୍ରବୀଣ ଅଧ୍ୟାପକ ଓ ଗବେଷକ ଭାବରେ ମଧ୍ୟ ସୁଖ୍ୟାତ। ଏଥିରେ ସ୍ଥାନିତ କବିତାଗୁଡ଼ିକ ତାଙ୍କ ପରିପକ୍ୱ ଲେଖନୀର ଫଳଶ୍ରୁତି। ଏହି କାବ୍ୟଗ୍ରନ୍ଥଟି ଯେ ଅମିତ ପାଠକୀୟ ଆଦୃତି ଲାଭ କରିବ, ଏଥିରେ ସନ୍ଦେହ ନାହିଁ।

ଭୁବନେଶ୍ୱର
ତା.୨୪.୧୨.୨୦୨୧

ବିଜୟ ନାୟକ
ବିଶିଷ୍ଟ କଥାକାର
ପୂର୍ବତନ ସଂସ୍କୃତି ନିର୍ଦ୍ଦେଶକ, ଓଡ଼ିଶା ସରକାର

ପଦେ କଥା

ପ୍ରତ୍ୟେକ ସର୍ଜନ କଳା ଭୂମିଷ୍ଠ ହେବା ପାଇଁ ଏକ ଅନୁକୂଳ ସମୟକୁ ଅପେକ୍ଷା ରଖେ। ବିଶେଷତଃ କବିତା ସର୍ଜନାର ଏକ ସୁକୁମାରୀ କଳା। ଏହା ସ୍ୱତଃସ୍ଫୂର୍ତ୍ତ ଆବେଗର ଉତୁରା ପେଜ।

କବିର ଚାରିପାଖ ଜଗତଠୁଁ କବିଟିଏ ନିଜକୁ ଦୂରେଇ ଦେଇ ନ ପାରେ। କବିର ଚେତନା ପାରିପାର୍ଶ୍ୱିକ ଜଗତ ସହ ଯୋଡ଼ି ହୋଇଯାଏ। ଚାରିପାଖରେ ଆତଯାତ ହେଉଥିବା ଚିତ୍ର ଓ ଚରିତ୍ର କବିଙ୍କୁ ହାତଠାରି ଡାକନ୍ତି। ସେହି ଡାକରାକୁ କବିଟିଏ ଏଡ଼େଇ ନଯାଇ କାନ ଡେରି ଶୁଣେ, ଆଖି ଖୋଲି ଦେଖେ। ପାଟି ଖୋଲି କିଛି କହି ନପାରି କଲମ ମୂନରେ ସେ କଥା କହିଦିଏ। କବିର କଲମ ବଲ୍ଲମ ହୋଇଯାଏ। କବିର କଲମ ମିଛ ଦେଖେନି, ମିଛ କହେନି। କେବେ କେମିତି କଳ୍ପନାର ଆଶ୍ରୟ ନିଏ। ସେ କଳ୍ପନା କବିର କଳାପକ୍ଷକୁ ଟିକିଏ ସଜେଇ ଦିଏ ସିନା ତା'ର କାବ୍ୟିକ ଚେତନାକୁ ବାଧା ଦିଏ ନାହିଁ।

'ଝର୍କା ବାହାରେ ଭାରତ' କବିତା ସଂକଳନରେ କବି ସେହି ଭାରତକୁ ଦେଖିଛି, ଯେଉଁ ଭାରତର ସାମ୍ପ୍ରତିକ ରୂପ ଝର୍କା ଭିତରେ ଘର କାନ୍ଥରେ ଝୁଲୁଥିବା ସୁନ୍ଦର ଭାରତର ମାନଚିତ୍ରଠାରୁ ସଂପୂର୍ଣ୍ଣ ଭିନ୍ନ। ସେହି ଭାରତର ବାସ୍ତବ ଚିତ୍ର ଓ ଚରିତ୍ର କବି ମନକୁ ଯେପରି ଆନ୍ଦୋଳିତ କରିଛି ତା'ର ଅବିକଳ ଚିତ୍ରଣ ଏହି ସଂକଳନରେ ସ୍ଥାନିତ। ଆଶା କରୁଛି, ମୋର ଅନ୍ୟ କବିତା ବହି ଭଳି ଏ କବିତା ସଂକଳନ ପାଠକୀୟ ଆଦୃତି ଲାଭ କରିବ।

ଉକ୍ତ ସଂକଳନର ପ୍ରକାଶନ କ୍ଷେତ୍ରରେ 'ବ୍ଲାକ୍ ଇଗଲ ବୁକ୍ସ' (ଆମେରିକା)ର ପ୍ରକାଶକ ସତ୍ୟ ପଟ୍ଟନାୟକ ଆଗ୍ରହ ପ୍ରକାଶ କରିଥିବାରୁ ଆନ୍ତରିକ କୃତଜ୍ଞତା ଜଣାଉଛି। ଏ ବହି ପ୍ରକାଶନରେ ଆନ୍ତରିକ ଓ ନିଷ୍ଠାପର ଉଦ୍ୟମ କରିଥିବା ମୋର ପ୍ରିୟ ଛାତ୍ର ତଥା ଆମେରିକାରେ ପ୍ରତିଷ୍ଠିତ ଆଇ.ଟି. ଶିଳ୍ପପତି ଶ୍ରଦ୍ଧେୟ ଧୀରେନ୍ଦ୍ର କରଙ୍କୁ ମୁଁ ଆନ୍ତରିକ ଧନ୍ୟବାଦ ନଜଣାଇ ରହି ପାରୁନି। ବହିଟି ସମସ୍ତଙ୍କୁ ଛୁଇଁ ପାରିଲେ ଧନ୍ୟ ହେବି।

ଡ. ଶଶଧର ଦାସ

ସୂଚିପତ୍ର

ଚଷମା ତଳେ	୧୭
ଚଷମା : ଭାରତ	୨୦
ପାଲଭୂତ	୨୩
ଓଟ	୨୫
ଦୁର୍ଯ୍ୟୋଧନ	୨୭
କୁରୁକ୍ଷେତ୍ର	୨୯
ଉର୍ବଶୀ ଚୌହାନ	୩୧
ଚୁମ୍‌କୀ ଓରାମ୍‌ର ଗାଁ	୩୩
ଛାଇ ପରି କେହି	୩୫
ଧର୍ମପତ୍ନୀ:ବୟସର ଅପରାହ୍ନ	୩୭
ଆସ, ଭିଜିବା ବର୍ଷାରେ	୩୮
ଅପରାହ୍ଣର ଗୀତ	୩୯
ବୈଦେହୀ	୪୧
ଭାରତକୁ ଆସିଛି ବସନ୍ତ	୪୩
ଏକ ହୃଦୟ ବିଦାରକ ଦୃଶ୍ୟ	୪୫
ମହାନଦୀ	୪୮
ବୈକୁଣ୍ଠ ସମାନ ଘର	୫୦
ସୁନାମି	୫୨
ମିଛ ସିଂହାସନ	୫୪
ବେଙ୍ଗାଲୁରୁ : କିଛି ଦୃଶ୍ୟ, କିଛି ଦୃଶ୍ୟାନ୍ତର	୫୬
ବାରିପଦାରେ ଜହ୍ନ	୫୮
ପ୍ରୀତିସ୍ପଦା : ବାରିପଦା	୬୦

ଖୋର୍ଦ୍ଧା ଲୁଙ୍ଗି ପିନ୍ଧା ସମ୍ରାଟ:	୬୩
ପାଦ ବୁଡ଼ାନା ଝିଅ	୬୫
ବାପା	୬୭
କିଚ୍ଛି ବି ବଦଳି ନାହିଁ	୭୦
ତମେ ଆସିଲେ	୭୨
ଭୂସ୍ୱର୍ଗ : କଶ୍ମୀର	୭୪
ପିଲାଦିନ	୭୬
ଶବରୀ	୭୮
ଦୟାନଦୀ	୮୦
ତମ ଗାଁ କେତେଦୂର	୮୨
କନ୍ଧମାଳ : ତିନୋଟି ଦୃଶ୍ୟ	୮୪
ଭୀମଭୋଇ	୮୮
ଲବଣ ହ୍ରଦରେ ଶୀତ	୯୦
ବସନ୍ତ ଆସିଛି	୯୩
ମୋ ଗାଁ	୯୪
ସିଂହବାହିନୀ	୯୬
ଧୃତରାଷ୍ଟ୍ର	୯୮
ସ୍ୱପ୍ନହୀନ ଆଖି	୧୦୦
ନୂଆବର୍ଷ ହେଲେ	୧୦୨
ଯାତରା ଯାଆନା ଝିଅ	୧୦୪
ଛୁଅଁନା, ଛୁଅଁନା ଦିହ	୧୦୮
ଧନଞ୍ଜୟର ଶେଷଦିନ	୧୧୧
ଗୋଟେ, ଅବୁଝା ସକାଳ	୧୧୪

ଫର୍କା ବାହାରେ ଭାରତ

ଚଷମା ତଳେ

ଦିଶୁଚି ନା ଦିଶୁନି
ତମ ଗାଁର ମାନଚିତ୍ର, ସଫା ଦିଶୁଚି ନା
ତମ ଓସ୍ତ ଦାଣ୍ଡ
କେଉଁ ମାଷ୍ଟରକେଣ୍ଟିନ, ରବୀନ୍ଦ୍ରମଣ୍ଡପ ଅବା ଚାଣକ୍ୟପୁରୀ
ଇଣ୍ଡିଆଗେଟ୍ ଭଳି
ସଫେଦ୍, ସଫେଦ।
ରାତି ଦିଶୁଚି ନା
ଦିନପରି, ଯେମିତି
ନିଅନ ଆଲୁଅ ତଳେ
ଝଲୁଥାଏ ପି.ଏମ୍.ଜି
ସେକ୍ରେଟେରିଏଟ।
ତମ ଗାଁ ମୁଣ୍ଡ ଗୋହିରୀର
ଦଳଭର୍ତ୍ତି ପାଣି ଦିଶୁଛି ନା
ସୁଇମିଙ୍ଗ ପୁଲ ପରି
ଢଳ ଢଳ ନୀଳ।
କେମିତି ଅଛି
ତିନି ପୁରୁଷ ଧରି ରାଜୁତି
ଶାମ ମାହାନ୍ତିର,
ବଡ଼ ପୁଅ ସରପଞ୍ଚ
ବୋହୂ ତା ସମିତି ମେମ୍ବର।
କେତେ ଖଣ୍ଡ ଇନ୍ଦିରା ଆବାସ

ଅନ୍ନପୂର୍ଣ୍ଣା, କାଳିଆ ଭଣ୍ଡାରେ
ପୁରିବ ତା ଅନ୍ତଲ ପେଟ।
ଏଇତମ ଗାଁ, ଅଳିଆରେ ଭର୍ତ୍ତି
ତା ପେଟ, ହିଂସିକା ମାହାନ୍ତି
ଟାଉଟର ସାହୁକାର
ଆଗପରି ମେଲୁଛନ୍ତି ଡାଳ
ଫିର୍ ବି ତମ ଗାଁ ସ୍ୱଚ୍ଛ ସ୍ୱଚ୍ଛ
ନିର୍ମଳ, ନିର୍ମଳ।
ସେମିତି ଅଛି ନା ଏ.ମ୍.ଲ୍. ଗୋଡ଼ାଣିଆ, ଚକରା ସାମଲ
ଭୋଟ ସରିଲା ପରେ
ତମ ଗାଁ ମାଡ଼ିଛିନା
କୋଟିଏ ଟଙ୍କା ଦାନରେ
ଏମ୍.ଏଲ୍.ଏ. ସାଜିଥିବା
ହଳଧର ବଳ।
ଏମ୍.ଏଲ୍.ଏ. ପରି ଦିଶୁଛି ନା
ତମ ହଳଧର, ମାଡୁଛି ନା ମାଡୁନି
ମାଟି ବିଧାନ ସଭାର,
ଫିଟୁଛି ନା ପାଟି ବଜେଟ୍ ବେଳରେ
କହିବାକୁ ଦୁଃଖ ଯେତେ
ନିଜ ଅଞ୍ଚଳର।
ବିରୋଧୀଏ ସରକାର ଭାଙ୍ଗିଲାବେଳେ,
କେତେ ପାଇଲେ ତମ ହଳଧର,
କେତେ ଥର ଛୁଇଁଚି ପାଦ,
ଗଣତନ୍ତ୍ର ପବିତ୍ର ମନ୍ଦିର।
ପାନ, ଗୁଆ, ଖଇର, ଗୁଆକାତି
ଚଷମା ତଳର ରାଜନୀତି, ମଧ୍ୟାହ୍ନ ଭୋଜନ ଅଣ୍ଡା ଖାଇ ଖାଇ
ତମ ଗାଁ ପିଲା ଏବେ
ଭୁଲିଲେଣି ବହି, ଖାତା
ଡହଡହ ଖରାରେ ଦଳେ ଛିଡ଼ା ହେବେ, ଏମ୍.ଏଲ୍.ଏ.ଙ୍କୁ

ସଂଖୋଳିବେ ବୋଲି।
ପଚାରିବେ ନା ଏମ୍.ଏଲ୍.ଏ.
ଅବଧାନେ, ପିଲା ମାନୁଛନ୍ତି ନା ନାହିଁ
ଦଣ୍ଡମୁକ୍ତ ଲେଖାଯିବା ପରେ ?
ଦିଦି ମାନେ ଆଗପରି
ସ୍ୱେଟର ବୁଣୁଛନ୍ତି ନା
ଇସ୍କୁଲ ଟାଇମ୍‌ରେ ?
ମାଷ୍ଟ୍ରଙ୍କ ଜାଗାରେ
ଅଛନ୍ତି ନା ମାଷ୍ଟରଙ୍କ
ବଦଳିଆ ମାନେ ?
ତମର ବା ପଚାରିବା
ଦରକାର କ'ଣ ?
ପିଲାଏ ପଢ଼ିବେ, ପିଲାଏ ବଢ଼ିବେ, ପାଞ୍ଚବର୍ଷରେ
ତମ ମାଣକ ପୁରିବ, ସେରକ ପୁରିବ
ଯାହା ଦେଇଥିଲ, ଦିଗୁଣା ପାଇଲ
ତମ ଟିକଟ ଭଲ, ତମ ରାଜନୀତି ଭଲ, ମାର୍ ଗୁଳି
ଆମ ଚଷମା ତଳେ
ଭାରତ ଥାଉ କି ନର୍କ।

■

ଚଷମା : ଭାରତ

କେଉଁ ମାନ୍ଧାତା ଅମଳର
ଚଷମା କାଚରୁ, କ'ଣ ଦେଖୁଛ, ଜେଜେ ?
ସବୁ ଠିକ୍ ଅଛିନା, ତମ ନଥିପତ୍ର
ଘରବାଡ଼ି ନକ୍‌ସା, ସର୍ଭିସ୍ ବୁକ୍‌ର
ପୁରୁଣା ଧୂସର ପୃଷ୍ଠା,
ଦେଖନି ଠିକ୍ ଅଛି ନା:
ଜେଜେମା'ର ଦେହ ଓ ଦେହଲୀ
ତମ ଦୁହିଁଙ୍କ କାରୁକାର୍ଯ୍ୟରେ
ତିଆରି ତମ ଦେଉଳ,
ସେଠି ନଥାଏ ତ ଦେବତା, କିନ୍ତୁ
ଘର ବାସୁଥାଏ
ଚନ୍ଦନ ଚନ୍ଦନ।
ସେ'ଠି କାହାର କ'ଣ
କାମନା ଥାଏ କି ?
ତମେ ତ ସମସ୍ତଙ୍କୁ
ପଢ଼ି ପାରୁଥିବା
ଚତୁର ଜ୍ୟୋତିଷ।
ଖଞ୍ଜି ଦେଉଥିଲ ସାଉଁଟା ଫୁଲ
କାହା ହାତରେ ତ କାହା
ଛାତି ପକେଟରେ,
ତମ ଶୋଇବାଘର ସାରା

ବହିର ପାହାଡ଼ ତଳେ
ଝରି ପଡୁଥାଏ:
କେବେ କଷି ଆମ୍ବର ନାସିଟିଏ ତ
କେବେ ନାଲି ନାଲି ପଳାଶ।

ଏବେ ଟିକେ ଚଷମା ଖୋଲ
ଖୋଲିଦିଅ ତମ ଘରର କବାଟ,
ଯେତେ ବାଟଅବାଟ,
ପଶିଆସୁ ଦମ୍‌କାଏ ପବନ
ବସନ୍ତ ଓ ମଳୟର ଦେହ ଛୁଇଁଯାଉ
ଏବେ କ'ଣ ସେମିତି ଅଛି ?
ତମେ ଯେମିତି ପଢ଼ିଥିଲ
ତମ ଇତିହାସ ଓ ଭୂଗୋଳ।
ଏବେ କେମିତି ଅଛନ୍ତି
ତମ ପୁଅଝିଅ, ନାତି-ନାତୁଣୀ
କେଉଁ ସୌଭାଗ୍ୟର ଆକାଶ
ନା ଦୁର୍ଭାଗ୍ୟର ନହକା ଡାଳରେ
ତାଙ୍କ ଭାଗ୍ୟ / ଭବିତବ୍ୟ।
କ'ଣ କହୁଛି ତମ ଚଷମା ?
ସବୁ ଠିକ୍ ଅଛି ତ ଯେତେ
ଶିରପା, ଆସନ, ସିଂହାସନ
ସବୁ ନିରାପଦ ତ ?
ପଥ / ପାଥେୟ
ସବୁ ଆଶାପୂର୍ଣ୍ଣ ତ ?

ନାତି କହିଲା:
ଜେଜେ ! ଏଇ ନିଅ
ତମ ନୂଆ କାଚର ଚଷମା,
ଦେଖିନିଅ, ଠିକ୍ ଦିଶୁଛି ତ

ତମ ପା'ରୁ କପାଳ
ଆକୁମାରୀ ହିମାଚଳ ?
ଜେଜେ ମା'
ଅଛି ନା ଅବିକଳ ସଚଳ
ନା ପିଠିରେ ସବାର
ସଂସାରୀ ବେତାଳ ?
ଜେଜେ !
ଏସନ ଅଗଷ୍ଟ ପନ୍ଦରକୁ
ଆମ ସ୍କୁଲ ପାଖ ଦୋକାନରୁ
ତମ ପାଇଁ ଆଣିଦେବି
ଗାନ୍ଧିବୁଢ଼ା ଧୋତି,
ଭଗତସିଂହ ନିଶ।
ତେବେ ଯାଇ ଚିହ୍ନିବ
ତମ ଅସଲ ଭାରତ
କେଉଁଠି ଅଟକିଛି
ତା' ଇତିହାସ ?
ତମ ଚଷମାକାଚରେ
ନା ଦାଣ୍ଡଘର କାନ୍ଥର ମାନଚିତ୍ରରେ
ନା ତେସ୍ତରି ସାଲର
ଏ କଣ୍ଟକିତ ବାଟ ଚାଲିବାରେ।

■

ପାଳଭୂତ

ସେ କ୍ଷେତକୁ ଜଗେ ନା କ୍ଷେତ ତାକୁ ?
ବୁଝି ହୁଏନି ତା'ର ରଙ୍ଗ ଢଙ୍ଗ
ଚିରକାଳ ଏକ ଦୁର୍ବୋଧ୍ୟ ଗୀତର ଧ୍ୱନ୍ ସିଏ।
ସେ ଜଗିଥାଏ
ତେରଛି ଡରିଯା'ନ୍ତି ଓଲେଇ ଗାଈ
ମାରଣା ଷଣ୍ଢ, ଅରଣା ମଇଁଷି, ବଗୁଲିଆ ପକ୍ଷୀ।
ତା ଢିମା ଆଖିକୁ ଭାରି ଡର।
ସେ ଭୂତ !
ଅନ୍ଧାର ରାତିରେ, ଦୂର ତାଳଗଛ ପରି
ଦିନବେଳେ ବାମନାବତାର।
ପଙ୍ଗପାଳ ମାନେ ଡରନ୍ତିନି
ମାଟି ହାଣ୍ଡିର ଏ ଫମ୍ପା ଭୂତକୁ।
ସେମାନେ କୁଆଡ଼େ
ପାଂଚ ବର୍ଷିଆ ଭୋଟରଙ୍କ ଭଳି
ଭାରି ସିଆଣିଆ, ଘଡ଼ିକେ ଘୋଡ଼ା ତ
ବିଶ୍ୱାସର ଭଉଁରୀରେ ଆକତାମାକତା କରିବା
ବର୍ଷା ଆଡ଼େ ଛତା ଦେଖାଇବା କଳା
ତାଙ୍କୁ ବେଶ୍ ଜଣା।
ବେଳେ ବେଳେ ଓଲେଇ ଗାଈଟେ
ବାଡ଼ ଭାଙ୍ଗିଲେ ସେ ବିଳବିଳେଇ ହୁଏ,
ଖେତୁଆଳ ଆସିବା ଆଗରୁ

କ୍ଷେତ ଉଜୁଡ଼ି ଯାଇଥାଏ।
ବିଚରା ପାଳଭୂତ
ବିଧାନସଭାର ଭୋଟ ହାରିଥିବା
ଦିଗ୍‌ବିଜୟୀ ନେତା ପରି ସେ ଗୁମ୍ ହୋଇଯାଏ।
ପାଳଭୂତ ମାନେ ବି ରାତି ଅଧରେ କଥା ହୁଅନ୍ତି
ନେତାଙ୍କ ପରି ଅନ୍ଧାରିବିଜେ କରି
ସ୍ୱର୍ଗକୁ ନିଶୁଣୀ ବାନ୍ଧିବା ଫନ୍ଦି କରନ୍ତି
ପାଂଚ ବର୍ଷ ପାଇଁ କ୍ଷେତ ଜଗିଥାନ୍ତି।
ମୁଣ୍ଡରେ ଟୋପର, କଳାମୁଖା ପିନ୍ଧି
କ୍ଷେତ ଉପରେ ନିଘା ରଖନ୍ତି।
ପ୍ରତିଶ୍ରୁତି, ଇସ୍ତାହାରର ଫର୍ଦ୍ଦ ଖୋଲନ୍ତି
ରାତି ପାହିଯାଏ,
ସୂର୍ଯ୍ୟ ଉଠିବା ଆଗରୁ ପାଳଭୂତରୁ ବାହାରି ଆସେ
ଆଉଜଣେ ପାଳଭୂତ, ଚାଲେ, କଥାକହେ
ଜନତା ଜିନ୍ଦାବାଦ କରେ
ଦେହରୁ, ପାଟିରୁ ନେତା ନେତା ବାସୁଥାଏ,
ବାରି ପଡୁଥାଏ।
ସତମଣିଷ ପରି କଥା ହେଉଥାଏ
ତା ଦେହରୁ ରାତିର କାକର
ସକାଳର ସୂର୍ଯ୍ୟ ଶୋଷିନିଏ।

■

ଓଟ

ସତୁରୀ ବର୍ଷ ପରେ ବି
କିଛି ବଦଳିଲା ନାହିଁ
ତମର,
ତମେ ସେମିତି ଛିଡ଼ା ହୋଇଛ
ଯେମିତି ପାଦେ ବି ଆଗକୁ ଯିବାର
ଶକ୍ତି ନାହିଁ ତମର।

ତମ ଚଉପାଶର ଜଳ, ସ୍ଥଳ
ଆକାଶ ଓ ମହାଶୂନ୍ୟ
ସବୁ ଯେମିତି ସ୍ଥିର
ଲଗାତର ଅସ୍ଥିରତାର ଚହଲା ପାଣିରେ
ହଲୁଥାଏ ତମ ପ୍ରତିବିମ୍ବ, ଦିଶୁଥାଏ
କେବେ ସୁନ୍ଦର / ଅସୁନ୍ଦର
କେବେ ନାରଖାର,
ଛାଇଠାରୁ ଦୀର୍ଘତର।

ଭାଗ୍ୟ ବିଧାତା ମାନଙ୍କ
ଅଂଗୁଠି ନିର୍ଦ୍ଦେଶରେ
ପର୍ବତରେ ଫୁଟିଲା କଇଁ ତ
ପ୍ରଲୋଭନର ଉଜାଣି ସୁଅରେ
ଭରିଗଲା ସମୁଦ୍ରର ଛାତି,

ପ୍ରତିଶ୍ରୁତି ଓ ପ୍ରତାରଣାର
ବାଘଛେଳି ଖେଳରେ
କି ସୁନ୍ଦର ଦିଶୁଛି ଆହା
ତମର ଏ ଧୂସର ମୂର୍ତ୍ତି ।
ତମେ କ'ଣ ଏବେ ବି
ବର୍ଣ୍ଣବୋଧରେ ଚିତ୍ରଟିଏ ହୋଇ
ଝଟକୁ ଥିବ ଶିଶୁର ଆଖିରେ,
ତମେ କ'ଣ ଏବେ
ମାନଚିତ୍ରଟିଏ ପରି
ଝୁଲୁଥିବ କେଉଁ ଖୋଲା କାନ୍ଥରେ ॥
ତମକୁ ଦେଖି
ଖୋଜି ନ ପାଇବାର ଦୁଃଖରେ
କାକୁସ୍ଥ କେଉଁ ବୟସ୍କ ମଣିଷ ।
ତମକୁ ଦେଖି ବର୍ଣ୍ଣବୋଧର ଚିତ୍ର ଭୁଲୁଥିବା
କେଉଁ ଅବୋଧ ଶିଶୁ
ସଭିଏଁ ଏବେ
ଲୋଭର ମହୁଭାଣ୍ଡରେ
ପିମ୍ପୁଡ଼ି ପରି ମାତିଛନ୍ତି
ସଂସାରୀ ମାୟାରେ ।
ଆଉ କିଏ ତମକୁ
ଅବିକଳ ଦେଖିବାକୁ
ଖୋଜି ଖୋଜି ନିଖୋଜ
ଲୋଭ-ଲାଭର ଗଣତନ୍ତ୍ରରେ
ଏବେ ଆହୁରି ଅସ୍ୱସ୍ଥ
ତମ ଚିତ୍ର / ଚିତ୍ରକଳ୍ପ
ତମାମ ଭାରତ ॥

■

ଦୁର୍ଯ୍ୟୋଧନ

ତମେ ଏବେ
କେଉଁ ଚିତ୍ରରେ ମଗ୍ନ
ନଭ ମଣ୍ଡଳ ନା ନାଭିମଣ୍ଡଳ,
କ୍ଷେତ ନା କୁରୁକ୍ଷେତ୍ର ?
ତମେ ସ୍କୁଲ ଫେରନ୍ତା ଭୋକିଲା ପିଲାଙ୍କ ପରି
ଚାନ୍ଦିପୁର ସମୁଦ୍ରର
କୂଳ ଫେରନ୍ତା ଢେଉର
ଗୋଟେ ଅମାନିଆ ଦୁଃଖ
ଯେଉଁଠି ଚାହୁଁ ଚାହୁଁ
ଶୁଷ୍କ ବାଲି ପାଲଟେ
ସମୁଦ୍ର, ତମେ ପାଦ ଛୁଇଁ ଛୁଇଁ
ଶକ୍ତ ଢେଉର ଧକ୍କାରେ
ଭାଙ୍ଗିଯାଏ
ତମ ପୁରୁଷାକାର / ମାଆର ଆଶୀଷ ।
ତମେ ତ ସବୁବେଳେ
ଏମିତି ଚିତ୍ରମଗ୍ନ / ପରାଜିତ ପୌରୁଷର
ତ୍ରସ୍ତ ସୌଦାଗର,
କେଉଁ ଦର୍ପିତ ଭୟର
ସମର୍ପିତ ଶୂନ୍ୟ ଇସ୍ତାହାର,
ଇନ୍ଦ୍ରପ୍ରସ୍ଥ / ହସ୍ତୀନା ଓ ବାରୁଣାବନ୍ତରେ
ପ୍ରିୟ / ପରିଜନ କେହି

ନୁହଁନ୍ତି ନିଜର।
ତମେ,
ନିଜଛଡ଼ା ଆଉ କିଛି
ଦେଖି ପାରୁନଥିବା
ଏକ ବିକଳ ଶରୀର।
ବାରମ୍ବାର ଝୁଣ୍ଟୁଥାଅ / ପଡୁଥାଅ
ଉଠୁଥାଅ / ଘୁରୁଥାଅ
କେଉଁ ଆରଦୃଶ୍ୟର ମାୟାରେ,
ତମ ଅଝଟ ପଣିଆର ଏରୁଣ୍ଡି ଡେଇଁ
କେବେ ସମୟ ଅବାକ୍
ତ କେବେ ଶବ୍ଦ, ସ୍ମୃତି
ଆଉ ସ୍ୱପ୍ନ।
କେବେ ତମ ପାଇଁ
ପଥ ହୋଇଥାଏ ପଥର ତ
ହାତ ହତିଆର
ଘନ ଘୋର ଅନ୍ଧାର ଭିତରେ
ସରି ଆସୁଥିବା ସଳିତାର
ଶେଷ ପ୍ରଜ୍ବଳନ ଭଳି
ତମେ ଏକ ଅନ୍ଧାରି-ଆଲୋକ।
ତମେ ଚିରକାଳ
ସୁଖ ଖୋଜୁଥିବା ମଣିଷର
ଏକ ବିକଳ ସ୍ୱାକ୍ଷର।

■

କୁରୁକ୍ଷେତ୍ର

ବର୍ଷ ପରେ ବର୍ଷ ବିତିଗଲେ ବି
କୁରୁକ୍ଷେତ୍ର ସେମିତି
ପୁରାଣ, ଇତିହାସ ଓ କିମ୍ବଦନ୍ତୀର
ଲଜ୍ଜିତ ନୀରବତା ଓ ସୂର୍ଯ୍ୟାସ୍ତର
ରଂଗରେ ଅଧୀର ।

ବାରମ୍ବାର କୁରୁକ୍ଷେତ୍ରର ସଂପର୍କ
ଖୋଜୁଥିବା ଯୋଦ୍ଧାମାନେ
ଏବେ ନିଘୋଡ଼ ନିଦରେ / ନିଦ୍ରାକୁ ଶେଯରେ
ହସ୍ତିନା, ଇନ୍ଦ୍ରପ୍ରସ୍ଥ ଅବା
କେଉଁ ବାରୁଣାବନ୍ତରେ ।

ଏବେ ସମ୍ପର୍କମାନେ ଏଇୟା ତ ?
କାୟା ଠାରୁ ବଡ଼ ହୁଏ ଛାୟାର ଆକୃତି
ପାପୁଲିର ବନ୍ଦୀଶାଳା
କେବେ କା'ରେ ଦେଇପାରେ ମୁକ୍ତି ?
ସବୁ ସମ୍ପର୍କରେ ସ୍ୱାଧୀନତା ଖୋଜୁଥିବା
ରଥୀ / ମହାରଥୀ ଶୋଇ ଶୋଇ
ସ୍ୱପ୍ନ ବାଣ୍ଟିବା ଛଡ଼ା, ଆଉ କେଉଁ ଅଧିକାରରେ
ମୁକ୍ତି ଖୋଜୁଛନ୍ତି, ମୁକ୍ତି ।

ଏବେ କୁରୁକ୍ଷେତ୍ର ମାନେ ତ
ଗୋଟାଏ ଶୀତଳ ନୀରବତା
କେଉଁ ଯୁଦ୍ଧାସ୍ତ୍ରର ଭଗ୍ନାଂଶରୁ
ମିଳିଥିବା, ଏକ ଅଝଟ ସଭ୍ୟତା ।

କିଏ ଯୋଡ଼ିବ
ଏ ସଂପର୍କର ମାନଚିତ୍ର
କୁରୁକ୍ଷେତ୍ର ସହ
ତମାମ ଦେଶର ?
ଏବେ ଯୁଆଡ଼େ ଚାହିଁଲେ
ନିରସ୍ତ୍ର ଯୋଦ୍ଧାଙ୍କ
ନୀଡ଼ ବାହୁଡ଼ା ବେଳ,
ପୁରାଣ ସହ ଇତିହାସର
ନାହିଁ ନଥିବା ତାଳ ମେଳ
ବିବର୍ଣ୍ଣ ଭୂଗୋଳ
ଆଶାରେ / ପ୍ରତ୍ୟାଶାରେ
ଅଭିମାନ, ଅଧିକାର ଓ
ଅହଂକାରର ଦରବାରୀ ଖେଳ ।
ସଂପର୍କର କୁରୁକ୍ଷେତ୍ର
ବାରମ୍ବାର ଯୋଡୁଥାଏ
କାଳ ସହ ମହାକାଳ
ଚିରକାଳ, ଚିରକାଳ ।

■

ଉର୍ବଶୀ ଚୌହାନ

ତମକୁ ପ୍ରଥମେ ଯେବେ
ଦେଖିଲି ଉର୍ବଶୀ ଚୌହାନ୍
ରାଜକୋଟ ରାସ୍ତା ପରେ
ଛାଇଥିଲା ଅସୂର୍ଯ୍ୟ ଅନ୍ଧାର
ଟେଲିଭିଜନ ପରଦାର
ରଂଗୀନ୍ ଆଲୁଅରେ
ମୁଁ ଦେଖିଲି ସଭ୍ୟତାର
ନଗ୍ନ ଇସ୍ତାହାର ।
କାହିଁକି ଏମିତି ହୁଏ
ସୀତା ଆଉ ଦ୍ରୌପଦୀ ଦେଶରେ ?
କୁରୁସଭା କଳଙ୍କ ବି
ସରେ ନାହିଁ, ଦୁଃଶାସନ ବାଜିମାତ୍ ମାରୁଥାଏ
ନ୍ୟାୟର ଦୁଆରେ
ତମେ ବି ଉର୍ବଶୀ ଚୌହାନ୍
ଦୁଇହାତ ଉପରକୁ ଟେକି
ଆଉ କେଉଁ ଅଜଣା ଈଶ୍ୱର ପାଇଁ
ଅବା କାହା ନ୍ୟାୟର ଆଶାରେ
ଅପେକ୍ଷାରେ ନାହିଁ ବୋଲି
ମୁଁ ଦେଖିଲି ଟି.ଭି. ପରଦାରେ ।
ଆଜି ନାହିଁ
ସୁନାର ହରିଣ ଛାଇ

ଆଚ୍ଛାଦିତ ରାଣୀ ହଂସପୁର,
ବିଦେହ ଓ ଇନ୍ଦ୍ରପ୍ରସ୍ଥ
ସବୁ ସତେ
ରାଜକୋଟ ଗଳିର ଅନ୍ଧାର,
ନାହାନ୍ତି ବି ସଚ୍ଚିବାବୁ
ଖୋଜିବାକୁ ଅଳକା ସାନ୍ୟାଲ୍
ଫଗୁଣର ଗୋଧୂଳିରୁ
ନୂଆଖାଲି ପାଉଁଶରେ
ବିଦଗ୍ଧ ଯୌବନ।
ଏମିତି ବେଳରେ ତମେ ଆସ
ଉର୍ବଶୀ ଚୌହାନ୍
ଦୂରେ ଫିଙ୍ଗି କାପୁରୁଷ ସ୍ୱାମୀର ଆଟୋପ
ଦଳିଦେଇ ପାଦତଳେ
ଯେତେ ସବୁ ନିର୍ଯ୍ୟାତନା
ତାଡ଼ନା, ଲାଞ୍ଛନା,
ମୁକତି୍ର ମଶାଲ ଧରି
ନ୍ୟାୟ ପାଇଁ ଲଢୁଥିବା
ହାୟ ! ଆଗୋ ଶୁଭଲଗ୍ନା
ମୋ ଦେଶର କ୍ରାନ୍ତିର ଲାଳନା।

■

ଚୁମ୍‌କୀ ଓରାମ୍‌ର ଗାଁ

ପଲପଲ ମଣିଷ ଆଉ ଦଲାଲଙ୍କ ଭିଡ଼ରେ
ଏବେ ଉଠୁଛି / ପଡୁଛି
ପାହାଡ଼ ସେ ପାଖ, ଶାଳବଣ ତଳ
ଝରଣା କୂଳର
ଚୁମକୀ ଓରାମ୍ ଗାଁ,
କେବେ ଆତଙ୍କର ଆତସବାଜିରେ
ଝଡ଼ି ଯାଉଛି ସାବ୍‌ଜା ଶାଳପତ୍ର,
ତ କେବେ ଲାଭ ଓ ଲୋଭର ସଉଦାରେ
ମଉଳି ପଡୁଛି କୁରେଇ ଫୁଲ।
ପୁଞ୍ଜିପତିର ଲୋଭିଲା ଆଖିରେ
ଜଳି ଯାଉଛି ଜଙ୍ଗଲୀ ଗାଁ
ତ କେବେ ସଂପର୍କର ନୂଆ ଆସ୍ଥାନରେ
ହଜିଯାଉଛି ଅରଣ୍ୟର ମାନଚିତ୍ର।
ଡଙ୍ଗର ସେ ପାଖେ ଶୁଭିଯାଉଛି
କେଉଁ ଯୁଆନ୍‌ର ବୈରାଗ୍ୟ ଶୃଙ୍ଗାର
ଚହଲି ଯାଉଛି ଝରଣାର ଜଳ
ଆଉ ଚୁମ୍‌କୀର ଛାତି ତଳ,
ଛିଡ଼ି ଯାଉଚି ଗୁଞ୍ଜରା ମାଳି
ଫିଟି ପଡୁଛି ନାଲି ଶାଢ଼ୀର ପଣତ
ବେସୁରା ହେଉଛି ଦେହର ଚୈତାଳି,
ମାଦଳ, ଧୁଡ଼୍‌କୀ, ଢମ୍‌ସା ସବୁ ଚୁପ୍‌ଚାପ୍

ପାହାଡ଼ ସେ ପାଖେ ବାଜୁଛି
ଠିକାଦାରର ସମୟ କାହାଲୀ।
ସବୁ ଯେମିତି ଚୁପ୍‌ଚାପ୍; ପାହାଡ଼ ପରି,
ଛାତିକୁ ପଥର କରିଛି ଝରଣା
ବଦଳି ଯିବ ବୋଲି ଭୂଗୋଳ,
ଉଜୁଡ଼ି ଯାଉଛି ଘର କରଣା,
ବିସ୍ଥାପନାର ପ୍ରତିଶ୍ରୁତିରେ ହଜିଯାଉଛି
ମା, ମାଟି, ମୂଳକ ମଣିଷ
ମେହନତିର ପୁରୁଣା ଦୁନିଆ।
ଗାଁ ଉଜୁଡ଼ି ସହର ହେବ,
ହଜିଯିବ ଅରଣ୍ୟ ଫସଲ
ଚୁମ୍‌କୀ ଓରାମ୍ ମାନେ ଭୁଲି ଯିବେ
କୁରେଇ ଫୁଲର ମାୟା, ଶାଳବଣ ପ୍ରେମ,
ରଜନୀ ଗନ୍ଧା ଫୁଟିବ ତେଲିଆ ଜୁଡ଼ାରେ
ସଞ୍ଜୁଆ ଧାଙ୍ଗଡ଼ା ଗୀତ ବେସୁରା ରାଗରେ
ବାଟବଣା ହେଉଥିବ ରୋଷ୍ଟୋରାଁ
ଓ ସିଭିଜ୍ ସେଣ୍ଟରରେ।

■

ଛାଇ ପରି କେହି

ତମେ କେଉଁଠି ତକେଇ ଥାଅ
ମୋ ପାଦକୁ ଯେ,
ମୁଁ ପାଦ ବଢ଼ଉ ବଢ଼ଉ
ହାଜର ହୁଅ, କେବେ ଆଗରେ ତ
କେବେ ପଛରେ,
ମୁଁ ଯେତେ ଝଅଟ ଚାଲିରେ ଦୂରେଇଲେ ବି
ତମେ ବେଢ଼େଇଯାଅ
ମୋ ଦେହସାରା।

ତମେ ତକେଇ ଥାଅ
ଆଲୁଅକୁ, ଉଜାଲାରେ
ଆସି ଉଷୁମାନ ହାଜରହୁଅ,
ଘୋଟିଆସିଲେ ମାଛି ଅନ୍ଧାର
ତମେ ନଥାଅ ନଜିକରେ।
ମୁଁ ବି ବେଳେ ଟେର୍ ନିଏ
ତମର,

ତମେ କୁଆଡ଼େ ଉଭାନ ହୁଅ
ଅନ୍ଧାରରେ, ତମ ଉଠାଗଣ୍ଠିଆ
ଭାବକୁ ମୋର ଭାରି ଖପ୍ପା।
ତମ ଶିଖିଚିଲା ପ୍ରେମକୁ

କ'ଣ କହିବି ? ବନ୍ଧୁତା
ନା ପ୍ରତାରଣା ।
ତମ ରଣପା ନାଚକୁ
ମୋର ଥୁକୁଲ ।
ମୁଁ ତ
ଆଲ-ଅନ୍ଧାରର
ସୋଜା ମଣିଷ,
କିଆଁ ଅଣ୍ଟିରେ ବାନ୍ଧିବି
ତମ ବନ୍ଧୁତା ର ଅରୁଆ ଦୁଃଖ ।
ତମେ ଆଲୁଅରେ ଥାଅ
କି ନଥାଅ,
ଆଲ-ଅନ୍ଧାର ମୋ ନସିବ୍ ।
ତମେ କେଉଁଠି
ତକେଇ ଥାଅ ଯେ ।

ଧର୍ମପତ୍ନୀ:ବୟସର ଅପରାହ୍ନ

ଏବେ ଆମେ ବେଳ ଅଉତା ଡେଇଁ
ସଂଜ ମୁହାଁ ନା,
ନିମିଷେ ଢୁଳେଇ ଆଖି ଖୋଲି
ଦେଖେ ତ ମାଛି ଅନ୍ଧାର
ଦିନ ପରି ଉଜାଲା ଦିଶୁଥିବା
ତମ ମୁହଁ, ଏବେ ଲାଗୁଛି କୁଆଁରୀ
ଝିଅର ଏକ ସ୍ୱଚ୍ଛ ଫୋଟୋଗ୍ରାଫ।
କାହିଁକି ନା ରାତି ଆସୁଛି
ତମକୁ ସଜେଇବାକୁ ବଉଳ ଫୁଲର ଗଭା/
ରଜନୀଗନ୍ଧାର ମାଳା
ଫୁଲ ବିଛଣାରେ।
ଦିନଠାରୁ ତମେ ଦିଶ
ରାତିରେ ଅଲଗା, ସତେ ତମେ କ'ଣ
ସେହି ନାରୀ, ଦିନସାରା ଆତଯାତ
ମୋ ଚାରିପାଖରେ, ଘର ନା ଘରଣୀ ତମେ,
ତମ ଦେହ ବାସ୍ନା ଛୁଟେ
ଦେହ / ଦେହଳୀରେ।
ଦିନର ଚେହେରା ତମ ରାତିରେ ବଦଳେ,
ସତରେ ନା ମୋ ଆଖି ଆଇନାରେ ?
ଏବେ ତମେ ବେଳକୁ ବେଳ
ଜଳୁଥାଅ ଖାଣ୍ଟି ସୁନାପରି
ସତରେ ନା ସୂର୍ଯ୍ୟାସ୍ତ ଖରାରେ ?
ମୋ ବିଛଣାରେ ଶୋଇଥାଏ ମଲ୍ଲୀଫୁଲ, ଝର୍କାକଡ଼ ଜହ୍ନ
ଅପେକ୍ଷାରେ ।।।

■

ଆସ, ଭିଜିବା ବର୍ଷାରେ

ଆସ, ଭିଜିବା ବର୍ଷାରେ ।
ସହଜେ ତମେ ତ ଖାଡ଼ା
ସାରାଦିନ ବର୍ଷାରେ
ମଉସୁମୀ ଆସୁ କି ଯାଉ
ତମର କି ଯାଏ ଆସେ ।
ଏଇ ଦେଖ, ଏବେ ଆଉଥରେ
ମେଘ ବେଷ୍ଟଉଛି ଈଶାଣରେ,
ତମ ଆଖିରେ / ଓଠରେ
ବରଷା ବିନ୍ଦୁରେ
ତରାସିବ ମଲ୍ଲୀ କି ଟଗର ଟେ ।
ତମେ କାହିଁକି ଉତଳା ହୁଅ
ସାରାଦିନ ବର୍ଷାରେ, କାହିଁକି
ମୋତେ ଟାଣିନିଅ ବାହୁରେ, ତମ ଓଠର ବତୁରାଗୀତରେ,
ମୁଁ ପା ସଂସାର ହିଞ୍ଜିଥିବା
ଥାବର ଚେହେରାଟେ ।
ଆକାଶରେ କଳାହାଣ୍ଡିଆ
ଝପଟିଲେ, ତମେ ସିଧା ଉଭାହୁଅ
ଖୋଲା ଅଗଣାରେ,
ଭିଜୁଥାଅ ଟୋପା ଟୋପା
ଜାମୁକୋଳିଆରେ
ତମ ମେଘବତୁରା ଦେହ
ବଢ଼େଇ ଦିଏ ମୋ ଦେହର ବଅର,
କମେଇ ଦିଏ ମୋ ବୟସର ବର୍ଷ
ଆସ ଆଉଥରେ ଭିଜିବା ବର୍ଷାରେ
ଆଉଥରେ ।।।

■

ଅପରାହ୍ଣର ଗୀତ

ବେଶ୍ କିଛି ବର୍ଷ ପରେ
ଯେବେ ମୁଁ ଚାହିଁଲି
ତୋତେ ଦେଖିବାକୁ
ନୀଳ ନୀଳ ଦିଶୁଥିବା
ଚୌହଦୀରେ ମୋର,
ତୁ କୁଆଡ଼େ ହଜିଗଲୁ
ଅନ୍ଧାରୀ ଖୋଲରେ,
ପୁଣି କେବେ ଅକସ୍ମାତ୍
ଠକ୍ ଠକ୍ କରୁ ମୋର
ସଦର ଦର୍ଜାରେ ।
ତୋପରି ଅବିକଳ ଆଉଜଣେ
କେଉଁ କାଳୁ ବସିଛି ମୋ
ପାଖ କୋଠରୀରେ
ତୁ ଛାଡ଼ିଯିବା ପରେ
ସେ କେଉଁ ବନାନୀ ଗୀତ
ବାରବାର ବାୟା କରେ ମୋତେ
ପୋଛିଦିଏ ମୋ ଆଖିରୁ
ଅତୀତର ଲୁହ,
ଶ୍ୟାମଳ ସ୍ନେହରେ ଧୁଆ
କା'ଦେହର ଶୂନ୍ୟ ଉଲଗ୍ନତା
ଛାତିରେ ମୋ ଭରୁଥାଏ

ଅସରନ୍ତି କୋହ ?
ଉଞ୍ଚା ଉଞ୍ଚା ପର୍ବତରେ
କାହାର ଗୁଂଜରା ମାଳି
ଛନ୍ଦି ହେଲା ଗଳାରେ ତୋହର
ଯେତେବେଳେ ନିଝାଡ଼ ଖରାବେଳେ
ଏକା ଏକା କାନ୍ଦୁଥିଲା
ଉନ୍ମତ୍ତ ଶବର, କିଏ ସେ ପୁରୁଷ
କାହା ସଂଗେ ଶବରୀ ତୁ
ରଚିଗଲୁ ପ୍ରଣୟର ବିଷ,
ଫେରିଯା' ମୋ ଦୁଆରୁ
ଉତ୍ତୀର୍ଣ୍ଣ ଅପରାହ୍ଣରେ
ମୋ ଦେହରେ ଅଳସ ବିଳାସ।
ମୁଁ ଏବେ ରତିଲଗ୍ନ ଚିତ୍ରରେ ଚିତ୍ରରେ
ସଂଗମ ସଂଭୋଗ ଏବେ
ମୈଥୁନର ଭିନ୍ନ ଉଚ୍ଚାରଣ।
ନୀତିପ୍ରତି ଆଲୁଅ ଓ
ଅନ୍ଧାରର ଖେଳ ଚାଲେ,
ମୋ ଶୋଇବା ଘରେ।

■

ବୈଦେହୀ

ଏବେ ଆଉ ଦିଶୁ ନାହିଁ ଘର,
ପରସ୍ତ ପରସ୍ତ ଉଆସ, ଶୁଭୁନାହିଁ
ଦାସୀ, ପୋଇଲିଙ୍କ ସ୍ୱର,
କେଉଁ ଭୁଲ ପାଇଁ ମୋର
ନିଜଘର ହେଲା ସାତପର
କେହି କ'ଣ ରୋକି ପାରିଲେନି
ମୋ ଯିବା ବାଟ, ଶାଶୁ, ନଣନ୍ଦଙ୍କ
ହାତ ମୁଠାରୁ ଖସିଗଲା ଶାଢ଼ିର ପଣତ
ଦାସୀ, ପୋଇଲିଙ୍କ ଛାତିରୁ ଉତୁରୁଥିଲା
ଗରମ ଲୁହର ଧାର, ବିଚରା ଦିଅର
ଛାତିକୁ ପଥର କରି ଛାଡ଼ିଦେଲେ
ଘନ ଘୋର ନିର୍ଜନତା, ସାକ୍ଷୀ ମୋର
ଏକା ନଈକୂଳ।
କିଏବା ସହିବ
ଫୁଲ ପରି କୋମଳ ଏ ନାରୀ ପ୍ରତି
ଏତେ ଅହନ୍ତା, ଆକାଶରେ ଘୋଟିଲା ଅନ୍ଧାର
ପବନରେ ବୃକ୍ଷମାନେ ଥରହର,
ପଶୁ, ପକ୍ଷୀ, ପ୍ରଜାକୂଳ ସଭିଏ କାତର।
କାହିଁକି ଏମିତି ହୁଏ
ସନ୍ଦେହର ଭଉଁରୀରେ କୁଟାଖିଏ ପରି
ନାରୀଟିଏ ଉବୁଟୁବୁ ଚିରକାଳ

ଚାରିପଟେ ଘୁରୁଥାଏ ନିୟତ ମାଟିର କୋହ
ବିଦେହର ରାଜପୁର ଉଦ୍‌ବେଳିତ ହେଉଥାଏ
ଶୁଭୁଥାଏ ନାରୀ ପାଇଁ
କରୁଣାର ପବିତ୍ର ଝଙ୍କାର।
ସୂର୍ଯ୍ୟରୁ ଆସିଲା ଛାଇ
ଜହ୍ନ ଦେଲା ଶୀତଳ ହାତର ଛୁଆଁ
ନଈ ଦେଲା ଚନ୍ଦନ ପ୍ରଲେପ
ପକ୍ଷୀ ବି ଗାଇଲା ଗୀତ; ଶୁଭିଗଲା
ସ୍ୱାମୀଙ୍କ କୋମଳ ଡାକ
ସମୟ ବି ଶିଖେଇଲା ଭୁଲିବାକୁ
ବିରହର ଦୁଃଖ।
ଏକା ଏକା ଖାଁ ଖାଁ ନଈକୂଳ
କି ବିଚିତ୍ର ଅନୁଭୂତି ମନେ ପଡ଼େ;
ଉଆସର ଚିତ୍ରପଟ କ୍ଷୀଣ ଦିଶେ
ଖାଁ ଖାଁ ସିଂହାସନ, କାହାର କାତର ସ୍ୱର
ମୋତେ ଏଠି ଆନମନା କରୁଥାଏ
କେଉଁଠି ରହିଲେ ମୋର ପରମ ଈଶ୍ୱର।
କେମିତି କଟିବ ଦିନ
କହିବେ କି ଗଛବୃଛ ନଈ ଓ ପବନ
କେମିତି ଆସିବ ନିଦ
ତାଙ୍କ ଆଖିବିନା, ତାଙ୍କର ନଥିବା ନେଇ
ଥିବା ଥିବା ବାସ୍ନାଟିଏ ଚରିଯାଏ
ଦେହସାରା ମୋର।
ସୂର୍ଯ୍ୟ ଓ ଚନ୍ଦ୍ରଙ୍କ ପରି ଦୂରେ ଥାଇ
ଛୁଇଁ ଯାଅ ମୋତେ
ବାରମ୍ବାର।

■

ଭାରତକୁ ଆସିଛି ବସନ୍ତ

ସନାତନ! ଏବେ ବସନ୍ତ ଆସିଛି
ତମାମ ଭାରତ ବର୍ଷରେ ଏବେ
ଖାଲି ବସନ୍ତ ସନାତନ।
ଏଇ ଦେଖୁନ, କାରଗିଲରୁ ଗୋଧ୍ରା
ସବୁଠି ଝରି ପଡୁଛି ଅଦିନ ବଉଳ
କଷି ନ ଫିଟୁଣୁ ମାଟି କାମୁଡ଼ି ପଡୁଛି
ଅମୃତ ଫଳ,
ବିଚରା ବସନ୍ତ ଆସିଛି।
ସେଦିନ ବି ପାର୍ଲିଆମେଣ୍ଟ ସାମ୍ନାର
କୃଷ୍ଣଚୂଡ଼ାରୁ ଝଡ଼ିଗଲେ କିଛି ଫୁଲ,
ଚଟାଣ ସାରା ଖେଳିଗଲା
ପବିତ୍ର ଗଂଗାର ଗୋଟେ ନାଲି ଧାର,
ଦେଶ ସାରା ଚହଲି ଗଲା
ସହାନୁଭୂତିର ଶୂନ୍ୟ କଳସି
ତା'ପରେ ବସନ୍ତ ଆସିଛି ବୋଲି
ପଡ଼ିଗଲା ହୁରି,
ଖବର କାଗଜ / ଟି.ଭି. / ବିବୃତି
ଆଉ ବିବୃତିରେ ଭରିଗଲା
ରକ୍ତାକ୍ଷରା ଫଗୁଣର
ବିଷର୍ଣ୍ଣ ଗୋଧୂଳି।
ଶୁଣୁଚ ସନାତନ!

ଏବେ ମୋ ସାନଝିଅ ପଚାରୁଛି:
ବାପା, ବସନ୍ତମାନେ କ'ଣ?
ମୁଁ କହିଲି : ତୋ ମା'
ବାପା ! କାରଗିଲ୍ ମାନେ କ'ଣ?
ମୁଁ କହିଲି : ବସନ୍ତ,
ତା'ପରେ ଝିଅ ପଚାରିଲା:
କାଶ୍ମୀର, କାରଗିଲ, ମା, ଭାରତ
ସବୁ କ'ଣ ବସନ୍ତ?
ମୁଁ କହିଲି : ହଁ, ସବୁ ବସନ୍ତ
ସବୁଠି ବସନ୍ତ।
ଝିଅ ଭାବିଥିଲା, ସନାତନ!
ବସନ୍ତ ମାନେ ଗୋଟେ ଫୁଲ
କୋଇଲିର ସ୍ୱର / ଫଗୁଣର ରଂଗ
ବଂଚିବାର ଆଉ ଏକ
ନୂତନ ବିସ୍ମୟ!
ମୁଁ କହିଲି : ଏବେ
ତମାମ ଦେଶରେ
ଯିଏ ଝଡ଼ି ପଡୁଛନ୍ତି ଅବେଳରେ
ସେମାନେ ବସନ୍ତ।

■

ଏକ ହୃଦୟ ବିଦାରକ ଦୃଶ୍ୟ

ରାସ୍ତାକଡ଼ରେ କାନ୍ଦୁଥିଲା
ଯୁଆନ ତିର୍ଲା, ତା' ଆଖିରେ
ତମାମ ଦେଶର ଅଭିମାନ
ଲୁହ ହୋଇ ଝରୁଥିଲା
ଗଙ୍ଗାରୁ ଗୋଦାବରୀ।

କେଉଁ ଅଜଣା ଜରରେ
ହସ୍‌ପିଟାଲ ବାରଣ୍ଡାରେ ପଡ଼ିପଡ଼ି
ଚାଲିଗଲା ଜଡ଼ାମୁଣ୍ଡା, ତା'ର କିଏ ଥିଲା
ଦେଇଥା'ନ୍ତା ମୁହଁରେ ନିଆଁ, ଶେଷକୃତ୍ୟ।
ମେହେନ୍ତର ଫିଙ୍ଗିଦେଲା
ରାସ୍ତାକଡ଼ରେ, ତା' ତିର୍ଲା ହେପାଜତରେ।
ତା' ତିର୍ଲା ଶୁକୁରୀ ଖାଲି କାନ୍ଦୁଥିଲା
ଯେମିତି ତା' ଲୁହରେ
ଜଡ଼ାର ଶବ ଜଳୁଥିଲା
ହୁତୁହୁତୁ ଚିତାରେ।

ଶୁକୁରୀ କାନରେ କିଏ କହୁଥିଲା
ରହ, ଦେଖ, ହରିଶ୍ଚନ୍ଦ୍ର ଆସିବେ,
ଶୁକୁରୀ କ'ଣ ବୁଝେ: ହରିଶ୍ଚନ୍ଦ୍ର ଯୋଜନା
ସରକାର, ଦେଶ ?

ଦେଶ କହିଲେ: ତା' ଡଙ୍ଗର, କୁଡ଼ିଆ, ଶାଳବଣ,
ଝରଣା, ଧାଙ୍ଗଡ଼ା, ମାଦଳ, ଢମସା,
ସଲପ, ମହୁଲି, ହାଣ୍ଡିଆ
ସରକାର କହିଲେ ବୁଝେ:
ଜଙ୍ଗଲ ସର୍ଦ୍ଦାର, ଦାଦିବୁଢ଼ା
ଅବା ଦିନା ସାହୁକାର। ଯା'ଠୁ
ନିରାପଦ ଆଉ କେଉଁ ଦେଶ ?
ହଠାତ୍ ସେହିବାଟ ଦେଇ ଯାଉଥିଲା
ଆମ୍ବୁଲାନ୍ସ ଦେଖି ସେ କାକୁତି ହେଲା,
ଡ୍ରାଇଭର ଶୁକୁରୀର ମାଂସଳ ଦେହକୁ
ସମୁଦ୍ରେ ଢେଉ ଫିଙ୍ଗି ଚାଲିଗଲା
ରୋଗୀ ନଥିବା ଆମ୍ବୁଲାନ୍ସରେ
ସି.ଡି.ଏମ୍.ଓ.ଙ୍କ ମାସିକିଆ ସଉଦା ଥିଲା
ଆସିଲା ଦୂର କେଉଁ ଗାଆଁର ଚୋରି ପାଇଁ
ପୋଲିସ ଗାଡ଼ି, ବିକଳରେ ନେହୁରା ହେଲା,
ଗାଡ଼ି ଅଟକାଇ ଜଡ଼ା ଶବ ଆଡ଼େ ନ ଚାହିଁ
ଶୁକୁରୀ ଛାତି ଆଡ଼େ ଆଖି ଚୋଟମାରି
ଚାଲିଗଲେ ନିଜ ବାଟରେ, ଗଣତନ୍ତ୍ରରେ
ସବୁ ଯେମିତି ଠିକ୍ ଚାଲିଥିଲା।

ଶୁକୁରୀ ଭାବୁଥିଲା: ଥାଆନ୍ତା କି ସେ ଅରଣ୍ୟରେ
ଯେଉଁଠି ତା' ପାଇଁ ଆକାଶ କାନ୍ଦୁଥାନ୍ତା
ଶ୍ରାବଣ ଆଖିରେ, ପାହାଡ଼ ଫାଟି ପଡ଼ନ୍ତା
ସମବେଦନାରେ, ଝରଣାର ସାଦାପାଣିରେ
ଶୁଭିଯା'ନ୍ତା ବିରହ ସଂଗୀତ।
ସେମିତି କିଛି ନଥିଲା
ଏ ଦେଶର ରାସ୍ତାରେ ଜଡ଼ାର
ଶବ ଶୋଇଥିଲା, ବାଟଗଲା ଲୋକ ସବୁ
ମଢ / ମୂଢ଼ ହେଉଥିଲେ।

କେଇଘଣ୍ଟା ପରେ ହସ୍ପିଟାଲ ମେହେନ୍ତର
ଜଗୁ ଗୋଛେଇତ ଟ୍ରଲିରେ ଜଡ଼ାର ଶବ ରଖି
ଶୁକୁରୀ ଦୁଃଖ ଉପରେ ଚେନାଏ ଫଗୁଣ ବିଂଚି
ଡାକିନେଇ ଗଲା ପାଖ ଜଙ୍ଗଲକୁ ।
ଜଙ୍ଗଲ ଖୋଲରେ ଜଡ଼ାର ମଢ଼କୁ ଫିଙ୍ଗି
ଫେରିଆସିଲା ଜଗୁ ଗୋଛେଇତ ।
ଶୁକୁରୀର ଲଙ୍ଗଳା ଦେହରୁ ଶୁଭୁଥିଲା:
ହରିଶ୍ଚନ୍ଦ୍ର ଜିନ୍ଦାବାଦ, ଆରତ ଜନର ଆମ ସରକାର
ଜିନ୍ଦାବାଦ, ଏ ଦେଶ ମହାନ୍ ଜିନ୍ଦାବାଦ ।

ମହାନଦୀ

ଏବେ ମହାନଦୀରେ
ଖାଲି ବର୍ଷା ହିଁ ବର୍ଷା,
କେବେ ଉପର ମୁଣ୍ଡରେ ତ
କେବେ ମୁହାଣରେ,
ସାରାଦିନ, ସାରା ରାତି ବର୍ଷା ।
ଆକାଶରେ ଚମକୁଛି ମେଘ ବିଜୁଳି
ଉଠୁଛି, ପଡୁଛି
ଛତିଶଗଡ଼, ଉତ୍କଳମାଟିର
ଦେହ, ଦେହଳୀ ।
କେବେ ଉଛୁଳୁଛି ମୁହାଣ ତ
କେବେ ରାସ୍ତା ଲହୁଲୁହାଣ ।

ମହାନଦୀ ଏବେ ଚର୍ଚ୍ଚାରେ
ଚର୍ଚ୍ଚାରେ ଭିଜୁଛି
ଛୋଟନାଗପୁର, ବିନିକା
ଭେଲିକିରେ ଚାଲିଛି ଫିସାଦିଆଙ୍କ
ମହାନଦୀ ବଞ୍ଚାଅ ଯାତ୍ରା
ମହାନଦୀ କହୁଛି;
ଚାଲୁତମ ରାଜ୍ୟନୀତି,
ମୋର କି ଯାଏ ଆସେ
ଅସରାଏ ବର୍ଷାରେ ମୋ ଦେହ

ଦୋହଲୁଥାଏ, ସାହସ ଅଛି ତ
ରୋକିଦିଅ ମୋ ଯାତ୍ରାକୁ
ବନ୍ଧରେ / ବାଡ଼ରେ / ମହାନଦୀ ବଞ୍ଚାଅ,
ଆନ୍ଦୋଳନରେ / ବନ୍ଦ ପାଳନରେ
ଫିସାଦିଆଙ୍କ ଶୋଭାଯାତ୍ରାରେ।
ଧନବଳ ଲୋକବଳ
ସବୁ ହେବ ଦୁର୍ବଳ।
ତମ ଭାଷଣ ବର୍ଷାରେ ଭାଙ୍ଗିଯିବନି
ହୀରାକୁଦ, ଅରପା, କେଲୋ
ଯେତେ ଶକ୍ତି ସମ୍ବଳ।
ମହାନଦୀ ମହାନାଟକରେ
ତମ ମିଛ ସତର ଖେଳ, ଭାବୁଛ
ମହାନଦୀରେ ଆସନ୍ତା କି
କୂଳ ଉଛୁଳା ବନ୍ୟାଜଳ
ପାଞ୍ଚବର୍ଷ ପାଇଁ ମିଳିଯାନ୍ତା
ରିଲିଫ୍‌ର ଫଳ, ସେ ଫଳର ମିଠା ଚାଖି
ପାଞ୍ଚବର୍ଷ ପାଇଁ
ମାଟି ଓ ପବନକୁ
କରିଥାନ୍ତ ଖୋଳ
ଜିନ୍ଦାବାଦ୍ ମହାନଦୀ
ଜିନ୍ଦାବାଦ ଦଳ / ମହାନଦୀ ଜଳ।

■

ବୈକୁଣ୍ଠ ସମାନ ଘର

ବୈକୁଣ୍ଠ ଦେଖି ନଥିଲି।
ଦେଖିଥିଲି: ନୁଆଁଣିଆ ଚାଳଘର
ଦୁପୁଦୁପୁ ଆଲୁଅର ଷଠି ଘର,
ଯେଉଁଠୁ ଆରମ୍ଭି ଥିଲା
ମୋ ସଂସାର ଲଟ
ସିଏ ମୋ ବୈକୁଣ୍ଠ।
ମୋ ବାଳୁତ ଓଠରେ ହସ ଦେଖି
ବୈକୁଣ୍ଠରେ ଫୁଟେ ଚମ୍ପାଫୁଲ,
ମୋ ମୁହଁର ଛିଟାହସ ବିଞ୍ଚି ଦିଏ
ତାରାର ଆକାଶ।
ଦୁଃଖ ମାନେ ବାଇ ହୋଇ
ଧସେଇ ପଶନ୍ତି ଯେବେ
ସନ୍ତ୍ରାସ ଖେଳାଇ
ମୁଁ ଲୁଚାଏ ମୁହଁ ମୋ'ର
ମୋ ବୋଉର ସ୍ନେହ ଭିଜା
ପଣତ କାନିରେ,
ବାପା ବି ଓର ଉଣ୍ଡି ପହଞ୍ଚନ୍ତି
ମଝି ଅଗଣାରେ
ବୋଧନା ଦେଇ କହନ୍ତି
ଦୁଃଖ ମାନେ ପଙ୍ଗପାଳ
ନେଉଟିବେ, ସଠିକ୍ ବେଳରେ।

ଦୁଃଖରଭାବିସ୍ତି
କେଉଁ ସୁଖଠୁ ଅଲଗା
ବାପାଙ୍କର ପା, ଧୂଳି
ଚନ୍ଦନର ଟିକା ।
ପିଲାଦିନେ ଭାଇ ଓ ଭଉଣୀ ସହ
ଯେତେ ତକରାଳ
ଆପଣା ପଣରେ ଭିଜେ
ବୁଢ଼ୀ ମା'ର କାନିଫେର
ତା ପେଜୁଆ ଆଖି ତଳେ
ଦିଶିଯାଏ ଶ୍ୟାମଳତମାଳ ।
ବାପା, ଗୋସବାପା ଠୁଁ
ଆମ ପିଲାକବିଲାଙ୍କ ଖେଳ
ମାଟି ଠୁଁ ବୈକୁଣ୍ଠ
ସବୁ ଗୋଟେ ଯାଦୁକରୀ
ରକ୍ତର କମାଲ୍ ।।।

■

ସୁନାମି

ଏଇ ଟିକିଏ ଆଗରୁ
ଏଠି ସବୁକିଛି ଥିଲା,
ଏବେ ଏଠି କିଛି ନଥିବାର
ଏକ ଉଜୁଡ଼ା ସଂସାର ।
କେହି ଭାଙ୍ଗି ଦେଇନି
ଏ ସୁନା ସଂସାର,
ସତେ ଯେମିତି
ଆଖି ପିଛୁଳାକେ
କିଏ ଚୋରେଇ ନେଲା
ଯାଦୁକରର ହାତ ସଫେଇରେ,
ଉଜୁଡ଼ିଗଲା, ହଜିଗଲା, ଡୁବିଗଲା
କିଛି ରହିଲାନି
ଚିହ୍ନ, ବର୍ଣ୍ଣ ତା'ର ।
ରାତି ନପାହୁଣୁ
କେଉଁ ଝାଡୁଦାରର
କାରୁକାର୍ଯ୍ୟ ସଫା କରିଦେଲା।
ଗାଁ ଦାଣ୍ଡ, ଘରଦ୍ୱାର
ମସ୍‌ଜିଦ୍, ମନ୍ଦିର
ରାଜା ଆଉ ରଙ୍କ
ଏଠି ସବୁ ଏକାକାର,

କୋଳାକୋଳି, ବୋଲବୋଲିରେ
ଉଡ଼ିଗଲା ପବନର ଘର।
ଏବେ କୁହ,
କିଏ ଆଉ ପରତେ ଯିବ
ଦେଖିବାକୁ ଏ ସମୟର ଖେଳ
ନା ଚିତ୍ର ନା ମାନଚିତ୍ର
ଦେଖୁନ, ଚାହୁଁ ଚାହୁଁ
ମାନଚିତ୍ରରୁ ନିଭିଗଲା
ଗୋଟେ ସଚିତ୍ର ଭୂଗୋଳ ॥

ମିଛ ସିଂହାସନ

ପିଲାକାଳରୁ ଆଜିଯାଏଁ
ବସି ଆସିଛି ତା ଚିତ୍ରିତ ଚୌହଦୀରେ,
ଦେଖି ଆସିଛି ନେଳି ଲଗା ତା ଖସରା ପିଠିରେ
କେମିତି ରଂଗ ବଦଳେଇଛି
ମୋ ଆଖି ଆଗର ଦୁନିଆଁ।
ତା' ଛାତିରେ ବସି ପଡ଼ିଲେ
ସଚିତ୍ର ଦୁନିଆଁ, ଓହ୍ଲେଇ ଆସିଲେ ବିବର୍ଣ୍ଣ ସଂସାର,
ବିଚିତ୍ର ଭୂଗୋଳ,
ସତମିଛର ଖଣ୍ଡାଧାର,
(ବାପା, ବୋଉଙ୍କୁ ବି ଜଣା ନଥିଲା
ଏ ସିଂହାସନର ସଂଗୁପ୍ତ ରହସ୍ୟ)
ମୋ ଛାତି ଭିତରେ କିନ୍ତୁ ପୂର୍ବପରି
ସବୁ ଠିକ୍ ଠାକ୍ ଥିଲା, ଏନ୍ତୁଡ଼ିଶାଳ, ରାଜଦ୍ୱାର,
ସିଂହାସନ ସବୁକିଛି ଥିଲା ଅଟଳ।
ବାରମ୍ବାର ବସିବା ଓ ଓହ୍ଲେଇବା ଭିତରେ ତା'ର କିଛି କ୍ଷତି
ହେଉନଥାଏ,
ସେ ଅବିକଳ ଚେହେରାରେ ଥାଏ,
କିଛି ବି ଝଡୁଥାଏ / ବଦଳୁଥାଏ
ଦେଖଣାହାରୀର ଅନୁରୋଧରେ
ମୋର ବ୍ୟସ୍ତତା ଯାହା ବଢୁଥାଏ
ଅସହାୟତାରେ ଭାସି ଯାଉଥିବା
ସେମାନଙ୍କ ତାସ୍ ଘରକୁ,
ସବୁ ଠିକ୍ ଠାକ୍ ଚାଲୁଥାଏ
ପୁଣି ସବୁକିଛି ଅକସ୍ମାତ୍ ବଦଳିଯାଏ

ମନ୍ତ୍ରୀ, ପରିଷଦ, ଦେଖଣାହାରୀଙ୍କ
ବାହାବାରେ ଭାଙ୍ଗିପଡ଼େ ଦରବାର,
ସେଇ ସିଂହାସନ ହିଁ ତା'ର ସାକ୍ଷୀ।
ରାଜା କହୁଥାଏ ମନ୍ତ୍ରୀକୁ
ମନ୍ତ୍ରୀ ସେନାପତିକୁ,
ସେନାପତି ଦେଖଣାହାରୀଙ୍କୁ
କାହିଁକି ବଦଳୁଥାଏ
କାହା ବିମର୍ଷ ଭାଗ୍ୟର ହସ୍ତରେଖା
କପିଳାରୁ କପିଳେନ୍ଦ୍ର,
କାହା ସୁଖଦ ମୁହୂର୍ତ୍ତର ସ୍ଥିର ଚିତ୍ର
ଆଜି ଯେ ରାଜେନ୍ଦ୍ରାସନେ
କାଲି ସେ ଫକିର।
ସେଇ ସିଂହାସନ ହିଁ ତାର ଆଶ୍ରା।
ନିଃସର୍ତ୍ତରେ ବାଟ ଭାଙ୍ଗୁଥିବା
ଉଡ଼ନ୍ତା ନଈ
ନିଃସ୍ୱାର୍ଥରେ କୂଳ ଖାଉଥିବା
କ୍ଷୁଧିତ ସମୁଦ୍ର
ନିଷ୍କପଟତାରେ ଯୁଦ୍ଧ ବିରତି ଖୋଜିଥିବା ଉଦ୍ଧତ ସୈନିକ,
ସିଂହାସନ ସାମ୍ନାରେ ଏମାନେ
ପ୍ରଜ୍ଜ୍ୱଳିତ ଦୀପର ଶେଷ ଶିଖା।

ପିଲାଦିନରୁ ଆଜିଯାଏ
ସେଇ ସିଂହାସନର ପିଠିରେ
ମୋର ବସିବାର ମୁଦ୍ରା ଆହା କେଡ଼େ ଅସ୍ଥିର
ମୋ ମୂଢ଼ ପଣିଆର ସୂର୍ଯ୍ୟ ବି ଆଗପରି
ପୃଥିବୀର ଚାରିକଡ଼େ ଘୁରୁଥାଏ
ଯେମିତି ମୁଁ ଘୁରୁଥାଏ
ଅଥଚ ସ୍ଥିର ସିଂହାସନ।

■

ବେଙ୍ଗାଲୁରୁ : କିଛି ଦୃଶ୍ୟ, କିଛି ଦୃଶ୍ୟାନ୍ତର

॥ ଦୃଶ୍ୟ ॥

ଖଣ୍ଡେ ଦଦରା ସାଇକେଲ
ଆଉ ଗୋଟେ ସାତସିଆଁ ଅଖା
ତା'ର ସମ୍ପତ୍ତି। ରାତି ପାହୁ ପାହୁ
ସେ ଛୁଟି ଆସେ ରେଳ ଲାଇନ୍ ପାଖ
ଅଳିଆ ଜଙ୍ଗଲକୁ, ତାକୁ ଅଳିଆ ଡାକେ !
ସୂର୍ଯ୍ୟ ଉଠିବା ବେଳକୁ
ସେ ଜଙ୍ଗଲ ସଫା, କେଉଁଠି କିଛି ନଥାଏ।
ଗଲା ରାତିରେ ଏ ରାସ୍ତା ଅସନା ଥିବା କଥା
ଜାଣି ପାରିଲେନି ବାବୁ ଭାୟା ଲୋକେ
ବଡ଼ ବଡ଼ିଆଙ୍କ ସବୁ ଅସନା ଆଚରଣ
ତା' ଦେହର ଆବରଣ,
କୁଢ଼ କୁଢ଼ ଜରି, ପଲିଥିନ୍, ଖୋଳପାରେ
ଭର୍ତ୍ତି ହୁଏ ତା'ର ସାତସିଆଁ ଅଖା,
ତାଳିପକା ଜରିବସ୍ତା - ତା'ର ଜୀବିକା।
ସାଇକେଲ ଉପରେ
ପାହାଡ଼େ ଉଚ୍ଚର ଅଳିଆ ଥୋଇ
ଉଚ୍ଚା କୋଠାବାଲାଙ୍କୁ
ସେ ନୀରବରେ କହିଯାଏ,
"ହୋ ମଣିଷମାନେ !
ତମେ ଅଳିଆ ନ ଫିଙ୍ଗିଲେ
ମୋ କୁଟୁମ୍ବକୁ ନା ମିଳିବ ଦାନା ନା କନା,
ମୁଁ ତ' ରାସ୍ତାର ମଣିଷ
ଆଉ ମଣିଷର ରାସ୍ତା।"

॥ ଦୃଶ୍ୟାନ୍ତର ॥

ରାତି ପାହିବା ବେଳକୁ
ବେଙ୍ଗାଲୁରୁ ରାସ୍ତାରେ
ଛୋଟ ବଡ଼ ଗାଡ଼ିଙ୍କ ଧାଉଡ଼ି
ନିଦ ହଜା ଆଖି
ଥକା ଥକା ମନକୁ
ସକାଳର ସତେଜ ପାଣିରେ ସଜାଡ଼ି
ସେମାନେ ଛୁଟିଯାନ୍ତି
ନିବୁଜ କାଚଘରର ଗମ୍ବୁଜକୁ,
ମଣିଷକୁ ଉପହାସ କରୁଥିବା
ଯନ୍ତ୍ର ସାମ୍ନାରେ କିଛି
ଖୋଜି ପାଇବାକୁ।
ଏମାନେ କ'ଣ ଖୋଜନ୍ତି
କ'ଣ ପାଆନ୍ତି କେଜାଣି
ସେଥିରେ କୁଆଡ଼େ ପୁରିଯାଏ
କୋଟିପତିର ଥାଳ।
ରାସ୍ତାକୁ ଛାଡ଼ି
ଆଉ କ'ଣ ମିଳେ କିଛି ଅନ୍ୟ କେଉଁଠାରୁ ?
ଘରକୁ ଫେରିବା ବେଳେ ସଂଜବେଳେ
ଏମାନଙ୍କ ହାତରେ ଝୁଲୁଥାଏ
ଜରି ଆଉ ପଲିଥିନ୍ ଖୋଳ।
ଏମାନେ କହୁଥିବେ :
"ହେ ଜରିଗୋଟାଳି ଭାଇ !
ଆମେ ଯନ୍ତ୍ର-ମଣିଷ
ଆମକୁ ରାସ୍ତାଟିଏ ଦିଅ
ଅମଳିନ, ସବୁଜ, ସୁନ୍ଦର
ତମ ରାସ୍ତା, ଆମ ରାସ୍ତା
ଲେଖିଯାଉ ଜୀବନର ନୂଆ ଇସ୍ତାହାର।"

ବାରିପଦାରେ ଜହ୍ନ

ଆଜି ବାରିପଦାରେ ଜହ୍ନ ଉଠିଛି,
ପୂର୍ଣ୍ଣିମୀର ଜହ୍ନ, ବାଟ / ଘାଟ
ସବୁଠି ଏକ ସଫେଦ ସଂପର୍କର
ବ୍ୟାପ୍ତ ଆସ୍ତରଣ ॥

ହଁ ଜହ୍ନ ଉଠିଛି ଯେ,
ଏକେଲା ପକ୍ଷୀର ଡେଣାରେ କିନ୍ତୁ
ଅନନ୍ତ ଆକାଶର ଛାଇ,
ଦୂର ଦିଗ୍‌ବଳୟରୁ ହାତଠାରି
ଡାକୁଥାଏ ମନବତୀ,
ନିଃସଙ୍ଗ ଅନ୍ଧାର ହାୟ
ଭେଟେ ନାହିଁ ଜହ୍ନରାତି /
ପରିପୂର୍ଣ୍ଣ ଶୁକ୍ଳପକ୍ଷ
ଅବାକେଉଁ ବିଶ୍ୱାସର
ନିଃସର୍ତ୍ତ ପରିଧି ॥

ପକ୍ଷୀର ଆଖିରେ ଆଜି
କି ସନ୍ଦେଶ,
ଝରିଆସେ ତୀକ୍ଷ୍ଣ ଶର ପରି
ବୁଝି ବି ତ ଦରବୁଝା
ରହିଯାଏ, ଯେତେ ସବୁ ଚନ୍ଦ୍ର ପକ୍ଷ ରାତି,

କି ଗୀତ ଗାଏ ସେ ପକ୍ଷୀ
ଉଡ଼ି ଉଡ଼ି ରାତିର ଆକାଶେ
ଯେତେବେଳେ ତୋଫା ତୋଫା
ଜହ୍ନର ଆଲୁଅ ମାନେ,
ବରଫଖଣ୍ଡ ଟେ ପରି ଭାସୁଥାନ୍ତି
ଦେଖି ବି ତ ଅଧାଦେଖା
ରହିଯାଏ, ନିସ୍ତରଙ୍ଗ ଦେହର ସେ ତାତି ॥

ମନବତୀ, ତମେ ସତେ ଆଜି ମୋର
ବାରିପଦା ଜହ୍ନର ଆକାଶ
ମୁଁ ନିଃସଙ୍ଗ ଅଶ୍ୱାରୋହୀ
ଚେତନାରେ ଛୁଇଁଯାଏ
ଯେତେସବୁ ସଫେଦ ବର୍ଣ୍ଣର ଋତୁ
ଅସମ୍ପୂର୍ଣ୍ଣ ରହିଯାଏ ମନବୋଧ ଚଉତିଶା
ଆରଣ୍ୟକ ଗୀତ ॥

ତମେ ଆସ ଆକାଶର ଅଗଣାରୁ
ମମତାରେ ଭରି ଦିଅ
ସଫେଦ ମାଟିର ଛାତି
ଉଷ୍ମତାରେ ଛୁଇଁ ଯାଅ
ଶୀତଳ ଦେହର ବାସ୍ନା
ପ୍ରୀତିମୟ ହୋଇଉଠୁ
ଆକାଶ ଓ ମାଟି ॥

■

ପ୍ରୀତିସ୍ବଦା : ବାରିପଦା

ଆଖି ବନ୍ଦ କଲେ
ହୃଦୟେଶ୍ୱରୀ,
ଆଖି ଖୋଲିଲେ
ଦିଗମ୍ବରୀ,
ମୁଁ ଆକାଶ
ବିସ୍ତାରିତ ହୃଦୟରୁ
ଦୂର ଦିଗବଳୟ,
ତମେ ମୋର
ପ୍ରିୟତମା : ବାରିପଦା
ମୋ ଜ୍ଞାନର ତ୍ରିପଦା
ପ୍ରେମ : ପ୍ରୀତିସ୍ବଦା
ଜହ୍ନ : ପ୍ରତିପଦା

ବାରିପଦା !
ତମେ ଏବେ ଉଡ଼ିଆସ
ମେଘାସନୀ ଉଚ୍ଚତାରୁ
ମୋର ଏଇ ମାଟି ଅଗଣାକୁ,
ଦ୍ୱାର ଖୋଲି ବସିଛି ମୁଁ
ନିର୍ବିକାର ଯକ୍ଷଟିଏ ପରି,
ଗପିବାକୁ ତମ ସହ / ମେଘ ସହ
ରାତିସହ / ଋତୁ ସହ

ଯେତେ ସବୁ ସ୍ୱପ୍ନମୟ
ଅନାମିକା ଗପ।
ଯା'ଠୁଁ ବଳି ଅଛି
ଆଉ କେଉଁ ଦେହ ସୁଖ
ଦେହର ଦେହଳୀ ଡେଇଁ
ଅହରହ ଘୁରୁଥାଏ
ମୋର ଚଉପାଶ।
ମୁଁ ଏକ ବିମୁଗ୍ଧ ତାରା
ତମେ କି ମୋ
ସ୍ୱାତୀ / ଅରୁନ୍ଧତୀ,
ଦିକ୍ ଦିକ୍ ଜଳୁଥାଅ / ହସୁଥାଅ
ଆକାଶ ଅନ୍ଧାର ଆଉ
ତମ ଦେହ ତାତି।
ଧନ୍ୟ ହେଉ ଏ ଆକାଶ,
ଆଲୋକିତ ହେଉ କୁଆଁତାରା
ସ୍ୱପ୍ନର ସକାଳ ଆସୁ
ତମ ପାଇଁ ତପସ୍ୱିନୀ ଆଶ୍ରମରୁ
ହସି ଉଠୁ ସସାଗରା ଧରା।

ତମ ପରି ମୁଁ ବି ଅନ୍ଧ
ଅନ୍ଧାରକୁ କରିଛି ମୁଁ ମିତ,
ରାତିର ପକ୍ଷୀର ଗୀତ
ଶୁଣାଇଛି ମନବୋଧ ଚଉତିଶା
ବେଳେବେଳେ ଭୁଲାଇଛି
ପୁଲକିତ ଶୂନ୍ୟତା'ର / ଶୂନ୍ୟତାରେ ପୁଲକିତ
ଜୀବନର ଚଉପଦୀ
ନାନାବାୟା ଗୀତ !
କେମିତି ଭୁଲିବି କୁହ,
ତମ ନୀରବ ଆଖିପତାରେ

ଛଟପଟ ହେଉଥିବା
ଶବ୍ଦଙ୍କର ଗୁଞ୍ଜରଣ
ଶବ୍ଦଟିଏ ବୁଝିବାକୁ
ଲୋଡ଼ାହୁଏ
ଜନ୍ମ / ପୁନର୍ଜନ୍ମ ।

କିଏ ସେ ଗଢ଼ିଲା
ତମ ମନ ତଳେ
ଶ୍ୟାମ ବୃନ୍ଦାବନ,
କିଏ ସେ ଭରିଲା
ତମ ଛାତି ତଳେ
ଛଳ ଛଳ ଯମୁନାର
ନମ୍ର ଆସ୍ତରଣ ।
ତମେ ଆସ,
ମୁଁ ତମ ଆଖିରେ ଆହା
ଭରିଦେବି
ଅଯୁତ ରାତିର ନିଦ
ଶୁଣାଇବି ସତ୍ୟର କୁହୁକ ।

ଖୋର୍ଦ୍ଧା ଲୁଙ୍ଗି ପିନ୍ଧା ସମ୍ରାଟ:

(ମୋର ପୂଜ୍ୟ ଗୁରୁ ଦେବ, ପ୍ରିୟ କବି ସ୍ୱର୍ଗତ କମଳାକାନ୍ତ ଲେଙ୍କାଙ୍କ ପୁଣ୍ୟ ଜନ୍ମଦିନରେ କବିତାଞ୍ଜଳି)

ତମେ ଖୋର୍ଦ୍ଧା ଲୁଙ୍ଗି, ପୁରା ପଞ୍ଜାବୀ
କଲିକତି ନାଲି ଗାମୁଛାରେ
ଗୋଟେ ଖାସ୍ କବି, କବି ବାସୁଥାଅ
ତମ ଇଚ୍ଛାର ସାମ୍ରାଜ୍ୟ ଇଚ୍ଛାପୁରରେ।
କିଏ ଛାତିରେ ହାତଦେଇ କହିଲ ଦେଖି / କମଳାକାନ୍ତ କବି ନୁହେଁ
ଗୋଟାଏ ଢମପଣ, କୂଅ ବେଙ୍ଗ
ଯିଏ ବିଶ୍ୱବ୍ରହ୍ମାଣ୍ଡ ଖେପିନାହିଁ
ଏକା ହୁମ୍ପାକେ ପୁରୀ, ଏକାହୁମ୍ପାକେ
ପହଁରି ନାଇଁ ସାତ ସାଗର, ତେର ନଈ। କମଳାକାନ୍ତ: ଗୋଟେ
ଇଚ୍ଛାଧାରୀ ପୁରୁଷାକାର, ଯିଏ
ନିଜ ଖିଆଲରେ ବଞ୍ଚେ ଆଉ ମରେ
ବାରଂବାର।
କମଳାକାନ୍ତ: ଏକ ଚିତା ଅଙ୍କା କାନ୍ଥ
ସେ କାନ୍ତ / କାନ୍ତକବି ର ପରିଧି ନିକଟରେ ଛିଡ଼ାହୋଇଥିବା
ଅଥଚ
ଅପେକ୍ଷାରେ ନଥିବା ଜଣେ
ଅନାସକ୍ତ ସଂସାରୀ ମଣିଷ।
ତମକୁ ସଭିଏଁ ଚିହ୍ନିଛନ୍ତି
ଆପଣା ବାଗରେ, କବି ବିଷ୍ଣୁ ସେଠି:

ଲେଙ୍କା ସାରଙ୍କ ଛକର ଆମ୍ର ଘୋଷିତ
ସମ୍ରାଟ, ସଭ୍ୟତାର ନିରୁତା ପରିଚୟ ତମେ, କହିଲେ ଶଶଧର ଦାସ।
ସୁନାଫସଲର କବି, ବାରେ ହୁଅ
ଠିଆ, ଶୁଣିଯାଅ
ଦୁଃଖସହ କଥାବର୍ତ୍ତା, ପଞ୍ଜୁରୀ
ପକ୍ଷୀର ଗୀତ, ସ୍ଥିତିବାଦୀ ଚେତନାର
ତମ ଏ ଦୁନିଆ ।।।

■

ପାଦ ବୁଡ଼ାନା ଝିଅ

କହିଥିଲି ନା:
ପଦ୍ମ ପୋଖରୀରେ ପାଦ ବୁଡ଼ାନା
ଝିଅ, ବୁଡ଼େଇଲୁ, ତୋତେ ବାସିଲା
ଘର, ଘର।
ତାଗିଦ୍ କରିଥିଲି ନା: ଶିଉଳୀରେ
ପାଦ ଖସାନା ଝିଅ, ଖସେଇଲୁ
ପର ଲାଗିଲା ଆପଣାର
ଏବେ ଉଠିବାକୁ ସହିଲାନି ତର।
ଜାଣି ନଥିଲୁ କି ଝିଅ, ପଦ୍ମପୋଖରୀରେ
ଥାଏ କଳାନାଗ, ନାଗର ପରି
ଚୋଟଦେବ, ତୁ ନିଜକୁ ଖୋଜିବା ବେଳକୁ, ସାତ ତାଳ
ପାଣିରେ
ଉବୁଟୁବୁ ତୋ ଶରୀର।
ଜାଣି ପାରିଲୁ କି ନାହିଁ
ତୋ ଫୁଲ ନରମ ମନକୁ
ଦଳିମକଚି, ତୋଫା ଦିଶୁଥିଲା
ତୋ ପ୍ରେମିକ ନାଗର।
ଜାଣିନୁ ଝିଅ? ସବୁ ପ୍ରେମିକଙ୍କ ଆଖି ତଳେ ଲୁଚିଥାଏ,
ବଣୁଆ ପଶୁର ଆରଣ୍ୟକ ଭୋକ।
ଝିଅ ଲୋ, କେମିତି ଭୁଲିଲୁ
ଏତେ ହାନ୍ତି ସଜେଇଥିବା ତୋ ଦେହ

ତୋ ବାପର ହାଡୁଆ ମୁହଁ।
କିଛି ବୁଝିବା ଆଗରୁ ତୁ
ନଇବଢ଼ି ହେଲୁ, ଭୁଲିଲୁ ମାଆର ଆକଟ,
ଝିଅ ଲୋ, ତୁ ପା ଆଙ୍ଗୁଠି ଟିପରେ ଟିପେ ଘିଅ,
ତୁ ପା ଘର ଦିଅଁର ମହମହ ଧୂପ।
ଏବେ କହ କେଉଁ ଗଙ୍ଗା ନା ଗୋଦାବରୀ
ଧୋଇବ ତୋ ଦେହ ? ତୁ ଆଗପରି
ବାସିବୁ କି ? ଘିଅ ସଞ୍ଜ ପରି, ଏବେ
ତୁ: ରାତିରେ ଗଙ୍ଗଶିଉଳି
ସକାଳେ ନଥିବ।
ସକାଳେ: ଟିଭିରୁ ଶୁଭିଲା
ରାସ୍ତାକଡ଼ କୃଷ୍ଣଚୂଡ଼ା ଡାଳରେ
ଝୁଲୁଛି, କେଉଁ ଦିଲ୍ଲୀ ଫେରନ୍ତା ଝିଅ।
ବାପା କହିଲେ: ଦେଖନି କିଏ ଏ ଝିଅ
ମୁହଁ ତା'ର ଦିଶୁଛି ନା
ଜହ୍ନ ଠାରୁ ସଫା, କଇଁ ଠୁ କଅଁଳ,
ଆଖି ଗଙ୍ଗାଠୁଁ ପବିତ୍ର ?
ଏ କଣ ମୋ ଝିଅ ?
ମୋ ଆଖିଆଗ କାନ୍ଥରେ
ଝୁଲୁଥିଲା ମାନଚିତ୍ର
ଭାରତବର୍ଷର।

■

ବାପା

॥ ଏକ ॥

କେଉଁ ଗହୀର ପାଟର ଗୋହିରୀ ମୁଣ୍ଡର
ଏକ୍‌ଲା ବରଗଛଟିଏ
ଠିଆ ହୋଇଛ କାଳକାଳକୁ ।

ଆଖି ଦେଖେଇଛି ପାଣିକୁ, ଆଲୁଅକୁ
ଚଇତାଳି ବାଆକୁ / ପୂବେଇ ପବନକୁ
ଝଡ଼କୁ / ଝାଡ଼କୁ
ଝଡ଼ିପଡୁଥିବା ଭଙ୍ଗା ଡାଳର
କାରୁଣ୍ୟକୁ / କରୁଣାଶ୍ରିତ ଚଢ଼େଇଙ୍କ
କିଚିରି ମିଚିରି କାନ୍ଦଣାକୁ ।

ଆଉ କାହାକୁ ଦେଖେଇ ପାରେନି ବୋଲି
ସବୁ ନିଜେ ଦେଖେ
ସେ ବରଗଛ : ତା' ଛାଇ ତଳର
ମଣିଷମାନଙ୍କ ରହଣିକୁ / ଚାହାଣିକୁ
ଚଳିବାର କପଟ ଅଭିନୟକୁ
ଚଳେଇନେବାର ପ୍ରତାରଣାକୁ ।

ସେ ତ ଗଛ ବୋଲି
ମୂକ ପ୍ରାଣୀଟିଏ : ସବୁ ସହିଗଲେ ହିଁ

ଏମିତିକା ଗଛ ହେଇହୁଏ,
ନ ସହିଲେ / ପାଟି ଖୋଲିଲେ
ମୂଳ ତାଡ଼ିବା ଆରମ୍ଭ ହୁଏ
ସ୍ନେହ, ଶ୍ରଦ୍ଧାର ଛଳନାରେ
ଦାଢ଼ ହୁଏ ଗଛକଟା କଟୁରୀ
ଗଛର ଆଖିରୁ ଝରୁଥାଏ
ଗଲା ରାତିର କାକର
ଟପ୍ ଟପ୍ ହୋଇ।

॥ ଦୁଇ ॥

ବରଗଛ ପରି ବାପା ବି ଚିରକାଳ
କେଉଁ ମଉନ ପାହାଡ଼ ଗୁମ୍ଫାର
ଏକ୍‌ଲା ସନ୍ନ୍ୟାସୀ,
ଘରଦ୍ୱାର, ପିଲାପିଲି ସବୁ ଥାଇ ବି
କେମିତି କାହିଁକି ସାରାଜୀବନ ଥା'ନ୍ତି
ଉଦାସୀ ନିଃସଂଗତାରେ।
ଘୋ ଘୋ ନିରବତାରେ।

ପାଟି ଖୋଲିଲେ କେବେ
ଆକାଶରେ ଚମକେ ବିଜୁଳି
ପାଟି ବନ୍ଦ କଲେ କେବେ
ପାହାଡ଼ ମଥାନରେ ପଡ଼େ
ବଜ୍ର / ବିଜୁଳି।

ବାପାଙ୍କର ସବୁକିଛି ଶୂନ୍ୟ ହେଲେ
ଭରିଯାଏ ଚାରିପଟର ଶୂନ୍ୟ ଥଳୀ
ବାପାଙ୍କର ପାଦର ଜୋତା
ଘୂରିଗଲେ ହିଁ ସମସ୍ତଙ୍କୁ ସଳଖ ଚାଲିବାର
ଶକ୍ତିଯାଏ ମିଳି।

ବାପା ଏମିତି ବରଗଛଟିଏ ଯେ
କେବେ ହଁ ଛଡ଼ା
କାହାକୁ ନା' କହିପାରନ୍ତିନି,
ସେଇଥିପାଇଁ ତ ଚିରକାଳ
ସେ ବାପା।

କିଛି ବି ବଦଳି ନାହିଁ

କିଛି ବି ବଦଳି ନାହିଁ
ଯାହା ଯେଉଁଠି / ଯେମିତି ଥିଲା
ସେମିତି ଅଛି
ହିମାଦ୍ରୀ ହୋଇନି ଗ୍ରୀଷ୍ମୋଦ୍ରୀ
ଗଙ୍ଗା ହୋଇନି ମହୋଦଧି
ଆକୁମାରୀ ହିମାଚଳ ଅବିକଳ
ସେମିତି ।
ଯେଉଁଠି ସେ ଛାଡ଼ି ଯାଇଥିଲେ
ସେଇଠି ବାପଛେଉଣ୍ଡ ପିଲାଟେ ପରି
ଛିଡ଼ା ହୋଇଛି ।
ଅବିବେକିତାରେ ଧସିଯାଇଛି
ପାଦତଳର ମାଟି,
ଧର୍ମର ହୋଲିରେ
ଭିଜୁଛି କୁରୁକ୍ଷେତ୍ର / କାଶ୍ମୀର ।
ସେ ଛାଡ଼ି ଯାଇଥିବା ଚଷମା କାଚରେ
ସ୍ୱଚ୍ଛ ଦିଶୁଛି କାଳେ ତମାମ ଭାରତର
ମାଟି, ପାଣି ଓ ଆକାଶ,
ବିଶ୍ୱାସରେ ଚରିଛି ବିଷ
ଓଠରୁ ଲିଭିଛି ହସ,
ପଥର ତଳର ଘାସ ପରି
ଶେତା ଦିଶୁଛି ଗଣତନ୍ତ୍ର ।

ମାଟିର ମାନଚିତ୍ରରେ ଥୋକେ
ଗାଉଛନ୍ତି, ବିକାଶର ନାରା
ବିନାଶ କୁଆଡ଼େ ପିଛା ଛାଡୁନି
ନଗର / ନାଗରିକ / ନଗରପାଳ
ଗଣକ / ଗଣ / ଗଣତନ୍ତ୍ର
ଶାସକ / ଶାସନ / ଶାସନତନ୍ତ୍ର
ଶୁଣୁଥାନ୍ତି ମନବୋଧ ଚଉତିଶା:
କହଇ ମନ ଆରେ, ମୋ ବୋଲ କର
ମୁଁ ଏକା ବଳୀୟାନ, ମୁଁ ଇତିହାସ
ଆଉ ସବୁ ପର / ମିଛ ଇସ୍ତାହାର।
କିଛି ବି ବଦଳି ନାହିଁ ତମର
କୁହୁଡ଼ିର ମାୟାରେ ପୂର୍ବପରି
ତମ ଚେହେରା ଝାପ୍‌ସା ଓ ବିଷଣ୍ଣ।

ତମେ ଆସିଲେ

ତମେ ଆସିଲେ ବସନ୍ତ ଆସେ,
ତମେ ଚାଲିଗଲେ ବସନ୍ତ ନିଖୋଜ ହୁଏ
ମୋ ମନ ଗହନରୁ ।
କେଉଁ ଦୂର ଗହନ ଡାଳରୁ
ତମେ ଲମ୍ୱେଇ ଦେଇଛ
ମଧୁର ଗୀତର ଲମ୍ୱା ଝରଣାଟିଏ ଯେ
ମୁଁ ପ୍ରତିବିମ୍ବିତ ହେଉଥାଏ
ବୟସର ଚହଲା ପାଣିରେ ।
ଏବେ କ'ଣ ତୁମକୁ
ଚିହ୍ନିବା ସହଜ ?
ନା ତମେ ଆସୁଛ କୃଷ୍ଣଚୂଡ଼ା ରଙ୍ଗରେ
ନା ରକ୍ତ ପଳାଶରେ,
ତମେ ତ କେଉଁ ବିଦଗ୍ଧ ଚେତନାର
ଏକ ରଙ୍ଗହୀନ, ବାସ୍ନାହୀନ
ଚିରନ୍ତନ ପୁଲକର ସ୍ମୃତିମୟ ଧାଡ଼ି ଭଳି
ଗୁଣୁଗୁଣୁ ହେଉଥାଅ
ମନତଳ ଅନ୍ଧାରି କୋଣରେ ।

ଏମିତି ସମୟ ଥିଲା ପଳାଶ ଦେଖିବା ମାତ୍ରେ
ରକ୍ତରେ ଲାଗୁଛି ନିଆଁ

ଛଟପଟ ହେଉଥାଏ ଦେହର ଭୂଗୋଳ।
ପଳାଶ କି ଫଗୁଣର ମିତଟିଏ
କାଳ, ଚିରକାଳ ?
ଏବେ ଆଉ ବସନ୍ତର ମାନେ କ'ଣ ?
ଫଗୁଣର ରଙ୍ଗ କ'ଣ ?
ପିଢ଼ାରୁ ଉହ୍ଲୁରି ଆସୁଥିବା
ଲାଉଡଙ୍କ ଭଳି ଖସୁଛି ବୟସ,
ବସନ୍ତ କି ପାଚିଲା ଧାନକ୍ଷେତର
ସବାଶେଷ ଦୃଶ୍ୟ।
ଫିକାଫିକା ଲାଗେ ଆଜି
ମଲ୍ଲୀ ଫୁଲ ଜହ୍ନରାତି ଚଇତ୍ର ପାହାନ୍ତି,
ମୁହଁସବୁ ଲୁଚିଲାଣି
କୁଆଡ଼େ ଗଲେ ସେମାନେ
କଲେଜବେଳ ବାନ୍ଧବୀ
ମନୋରମା, ପୁଷ୍ପିତା ଓ ଅପର୍ଣ୍ଣା ମହାନ୍ତି।

ଫଗୁଣର ନିମନ୍ତ୍ରଣ ପାଇବା ପରଠୁ
ପତ୍ନୀଙ୍କ ଭଉଣୀମାନେ ଦେଇଥିବା
ବଉଳ ଫୁଲର ମାଳ
ବାହାଘର ପେଡ଼ି ଖୋଲି
ସାପ ପରି ଉଠିଲାଣି କୋଇଲି ଡାକରେ,
ପଳାଶ ବି ଫୁଟିଲାଣି
ବୟସର ଶରଶଯ୍ୟା ଘରେ,
ମୋ ଛାତିର ଦୈର୍ଘ୍ୟ ପ୍ରସ୍ଥ ମାପି ମାପି
ଦାମ୍ପତ୍ୟର କାରୁକାର୍ଯ୍ୟ ଗଢୁଥିବା
ଧର୍ମପତ୍ନୀ ଦେଖିଲେଣି
ହଳଦୀ ବସନ୍ତ ନାଚ
ଫଗୁଣର କୃଷ୍ଣଚୂଡ଼ା ଡାଳେ।

■

ଭୂସ୍ୱର୍ଗ : କାଶ୍ମୀର

ଏଇ ଦେଖ !
ଏବେ ଭାରତର ମସ୍ତକରେ
ନୂଆ ଏକ ସକାଳର
ସିନ୍ଦୂରା ଫାଟୁଛି,
ପୂର୍ବାଶାର ଦୀପ୍ତି ଓ ଦ୍ୟୁତିରେ
ରକ୍ତଭିଜା ଉପତ୍ୟକା
ସୁନାରଂଗୀ ଦେହେ ଝଲସୁଛି,
ପୂର୍ବାଶାରେ ସିନ୍ଦୁରା ଫାଟିଛି ।

ନୂଆ ସକାଳର ସୂର୍ଯ୍ୟ
କାଶ୍ମୀର ତମାମ ବୁଲି
ମୁକ୍ତି ଆଉ ଆନନ୍ଦର
ଗଜଲ ଗାଉଛି,
କାଶ୍ମୀର ଜନନୀ ମୋର
ବନ୍ଧନ ଶିକୁଳି ଡେଇଁ
ସ୍ୱର୍ଗୀୟ ସୁଷମା ସାଥେ
ମୁକତିର ଆହ୍ଲାଦ ବାଣ୍ଟୁଛି ।

ଏଇ ଦେଖ !
କାଶ୍ମୀରର ଝୁଲନ୍ତା ସେଓ ଡାଳରେ
ପେଣ୍ଟି ପେଣ୍ଟି ହରରଙ୍ଗୀ ସେଓଙ୍କର

ଓଠର ହସରେ, କାଶ୍ମୀର ଲଳନାଙ୍କର
ପ୍ରାଣଛୁଆଁ କବିତା ଶୁଭୁଛି ।
ଏବେ ଏବେ ସତ-ସ୍ୱର୍ଗ
କାଶ୍ମୀର ଭୂମାକୁ
ଓହ୍ଲାଇ ଆସିଛି,
କାଶ୍ମୀରରେ ବସନ୍ତ ଆସିଛି ।

ଜନନୀ ମୋ କାଶ୍ମୀର ମାଆ
ଭୂସ୍ୱର୍ଗର ରଂଗେ ଝଲସୁଛି,
ସତୁରୀ ବରଷ ପରେ କାଶ୍ମୀରକୁ
ନୂଆ କରି ବସନ୍ତ ଫେରିଛି,
କାଶ୍ମୀରରୁ କନ୍ୟାକୁମାରୀ
ଅଖଣ୍ଡ ଭାରତ ବୋଲି
କହିବାକୁ ଗର୍ବ ମୁଁ କରୁଛି ।

ପିଲାଦିନ

ଏଇ କ'ଣ
ତମ ସ୍କୁଲ ସଜ ଜେଜେ :
ଚାରିସିଆ ଗୋଟେ ଝୁଲା
ଫ୍ରେମ୍‌ଭଙ୍ଗା ସିଲଟ, ମାଟି ଖଡ଼ି
କାଠି କଲମ,
କାଳି ଦୁଆତ, ମଧୁବର୍ଣ୍ଣବୋଧ,
ତାଳପତ୍ରର ଚଟେଇ,
ବାସ୍ ଏତିକିରେ
ତମେ ପଢ଼ିଲ, ପଢ଼େଇଲ
ଗଢ଼ିଲ, ଗଢ଼େଇଲ ।

ନା ତମ ପାଦରେ ଥିଲା
ଜୋତା ନା ପିଠିରେ ଦୂରାଗତ
ବିଦେଶୀ ପରି
ବସ୍ତାନିର ବୋଝ ।
ମଧୁ ବର୍ଣ୍ଣବୋଧ,
ପଣକିଆ ମାନସାଙ୍କରେ
ତମେ ଭ୍ରମିଲ ବ୍ରହ୍ମାଣ୍ଡ ।
ଏବେ ପାଠପଢ଼ା ନାଁରେ
ଆମେ କି ହନ୍ତସନ୍ତ ଜେଜେ :
ଚହଟ ଚିକ୍କଣ ବେଶ ତଳେ
ଗୁରୁକୁଳର ଭ୍ରମ,
ଗୁରୁକୁଳ କାର୍ପେଟ ରାସ୍ତାରେ

ମିଶିଯାଇଛି ବାପାଙ୍କ
ଝାଳବୁହା ଧନ।
ତମ ସ୍କୁଲର ନିଆରା ପଣରେ
ତମେ ଆଉ କ'ଣ ନହେଲେ କି
ଆମଠୁ ଅଧିକ।
ତମ ଅବଧାନଙ୍କ ସୂତାବନ୍ଧା ଚଷମାରେ
ଗଢ଼ା ହେଲା :
ତମ ପଥ, ଭବିଷ୍ୟତ,
ସୁନାର ଭାରତ।
ତମ ପାଦରେ ନଥିଲା ଜୋତା
ଦେଖାଗଲ ଗଛ ପରି ଉଚ
ବାଟ ଚାଲିଥିଲ ବୋଲି
ଏବେ ଚାରିଆଡ଼େ ତମ ପାଦ :
ଶ୍ରୀକ୍ଷେତ୍ରରୁ ଶ୍ରାବସ୍ତୀ
ଭଦ୍ରକରୁ ଇନ୍ଦ୍ରପ୍ରସ୍ଥ
ବଡ଼ଦାଣ୍ଡ / ଜନପଥ, ତମେ
ଆତଯାତ, ଜେଜେ, ଭଲ ଥିଲା
ତମ ପିଲାଦିନ।
ନଥିଲା ତମ ମୁଣ୍ଡରେ ଛତା
ଖରା, ବର୍ଷା ଖାଇ ଖାଇ ଦେଖାଗଲ
ବୋଧିଦ୍ରୁମ ପରି, ଗୋଟେ ଶୀତଳ
ଛାୟାଞ୍ଚଳ,
ତମ ଛାଇରେ
ଗୌତମଙ୍କ ପରି ସଭିଏଁ ଦିଶିଲେ
ଶ୍ୟାମଳ ଶ୍ୟାମଳ,
ଶ୍ୟାମ ଦୁର୍ବାଦଳ।
ଜେଜେ, ଖୁବ୍ ଭଲ ଥିଲା ତମ
ପିଲାବେଳ।

■

ଶବରୀ

ତୁ ଆଉ ନହକି ଯା'ନା
ଖଣ୍ଡେ ବର୍ଷୁକୀ ମେଘପରି
କାହା କୋଳରେ, କୋଳ ହିଁ
କାଳ ହେବ ବେଳ / ଅବେଳରେ ।
ତୁ ଏବେ ଲଟ୍‌କି ଯା ସେଇଠି
ଆକାଶରେ ନୀଳ ବିଶ୍ୱାସରେ
ନିଃସର୍ତ୍ତ ଶ୍ୱାସରେ ।
ଭୁଲି ଯା,
ଏମିତି ଜଣେ କିଏ ଅଛି,
ତୋତେ ଡାକୁଛି ଆଶୀଷ ମୁଦ୍ରାରେ
ତୋ ଦେହରେ ଢାଳି ଦେବାକୁ
ମାଟିର ଦହନ, ଉଡ଼େଇ ଦେଇଛି
ସବୁ ଉଚ୍ଛୁଳା ପବନ ।
କାନ ବନ୍ଦ କରି ଦେ
ଅଇଁଠାଖିଆ ଶବ୍‌ଦମାନଙ୍କର
ତାରକସୀ ଅର୍ଥକୁ,
ତୋ ଦେହର ଦୈର୍ଘ୍ୟ, ପ୍ରସ୍ଥ ମାପୁଥିବା
ରାଜ ଉଆସର କାକୁସ୍ଥ ଭିକାରୀକୁ ।
ଆଖି ବନ୍ଦ କରିଦେ
ମମତାର ପାପୁଲିରେ
ଛପିଥିବା ଇନ୍ଦ୍ରଧନକୁ,

ପ୍ରଜାପତି ପରି ଉଡୁଥିବା
ତୋଫା ଜହ୍ନରାତିକୁ,
ସଫେଦ ଦିଶୁଥିବା ଅବିବେକୀର
କାନ୍ଦୁରା ମୁହଁକୁ।
ତୁ ଆଉ ନହକି ଯା'ନା
ଉହୁଁକି ଚାହାଁନା
ଫେରିଯା' ତୋ ବସାକୁ
କୋଳେଇ ନେ ନିରାପଦ ଅନ୍ଧାରକୁ,
ମାୟାର ବଇଁଶୀ ଭୁଲି
ପାଦରେ ପାଉଁଜି, ବେଢ଼ାରେ ଅଳତା
ଜୁଡ଼ାରେ କୁରେଇ ଫୁଲ,
ପତ୍ରରେ / ଫୁଲରେ ସଜେଇ ନେ
ତୋ ଦେହର ଡଙ୍ଗରକୁ।
ଝାଡ଼ ସେପଟୁ ଡାକିଆଣ
ବାଟଭୁଲା ବସନ୍ତକୁ
ଉଁଚା ଉଁଚା ପର୍ବତରେ ବସିଥିବା
ତୋ ଜପାମାଳୀକୁ।
ଆଖିରେ ନାଇ ଦେ
ମୁଣ୍ଡିଆ ଛୁଇଁଥିବା ମେଘର କଜଳ
ଗଭାରେ ନେଚ୍ଛି ନେଚ୍ଛି ଶାଳଫୁଲ
ମାଦଳର ତାଳେ ତାଳେ ଝୁଲିଯିବ
ମହୁଲି ବାସନା ସହ ପାଦ ଟଳମଳ
ଝୁଲୁଥିବ ଡଙ୍ଗରର ଉଷୁମ ସକାଳ
ଉଁଚା ଉଁଚା ପର୍ବତରେ
ବନଫୁଲ ମହକରେ
ଝୁରି ହେଉଥିବ ତୋତେ
ଉନ୍ମତ୍ତ ଶବର।

ଦୟାନଦୀ

ମୋର ଆଉ କିଛି କହିବାକୁ
ବାକି ଅଛି କି,
ଯାହା କହିବା କଥା ସବୁ
କୁହା ସରିଛି ପାହାଡ଼କୁ / ମଣିଷକୁ
ତମାମ ଦୁନିଆକୁ ।
ଏବେ ବୋଧେ
ମୋର ଉତ୍ତର ଫେରି ପାଇବାର ବେଳ,
ଅନୁକମ୍ପାର ସଂଗୀତରେ ମୁଁ
ମାନି ନଥିଲି ଥଳ, କୂଳ
ଏବେ ଗୀତର ଅସରନ୍ତି ବୋଝରେ
ଦବି ଯାଇଛି ଶାନ୍ତି ଆଉ ଅହିଂସାର
ତରବାରୀ ଖେଳ, ରକ୍ତରେ ଆଦ୍ର
ଶାଳବଣ, ତ୍ରସ୍ତ ଗିରି ଖୋଳ ।
ହୃଦୟର ଜୟକୁ ଫାଙ୍କି ଦେଇ
କି ଖେଳ ଚାଲୁଛି ଏଠି
ସେ'ଠି, ସବୁଠି
କାହା ଘର ଉଜାଡ଼ି ଦେଇ
କିଏ ସେ ଗଢୁଛି ଏଠି
ଘରଟିଏ, ବୈକୁଣ୍ଠ ଠୁଁ ଦୂର
ହେ, ମହାପ୍ରଭୁ,
ମୋତେ ମୋର ବାଟ କହିଦିଅ ।

ଏବେ ମୋତେ କଥା ଦେଇଛି ପାହାଡ଼
ତା' ଜରାୟୁରେ ଲୁଚାଇ ରଖିବ
ସବୁ ଶିଶୁଙ୍କର ସୁରକ୍ଷିତ ଭବିଷ୍ୟତ
ଫିମ୍ପି ବସିଥିବା
କେଉଁ ଜଟିଳ ଶବ୍ଦର ଟୁକୁରାରେ
ଆଉଥରେ କୋଳେଇ ନେବାକୁ
ଇତିହାସର ଶୂନ୍ୟ ପୃଷ୍ଠା
ପଥର ତଳେ ଲୁଚେଇ ରଖିବ
ଚରାଚର ବିଶ୍ୱର
ଝୁଲନ୍ତ ଭାଗ୍ୟକୁ।
ମୁଁ ଏବେ ଶୂନ୍ୟରେ ଦେଖୁଛି
ଇତିହାସର ଜଳଛବି
ଆଙ୍ଗୁଠି ଆଗରେ କାଟୁଛି
ମାଣବସା ଚିତାର ଚିତ୍ରାଙ୍କନ,
ସବୁ ଗୋବରଲିପା କାନ୍ଥରେ
ଲୁଚେଇ ଦେଇଛି ସୈତାନର ଅସ୍ତ୍ର
ସବୁ ନିରସ୍ତ୍ର ମଣିଷଙ୍କ ଛାତିରେ
ଟାଙ୍ଗି ଦେଇଛି
ହୃଦୟର ଜୟଯାତ୍ରା,
ମୁଁ କି ଖାଲି ନଦୀଟିଏ
ନା ଇତିହାସର ଧାର,
ଆଉ କିଛି ବାକି ନାହିଁ
ସରିଯାଇଛି ସବୁ ଅକୁହା କଥାର
ଅନ୍ତଃହୀନ ସ୍ୱର।

■

ତମ ଗାଁ କେତେଦୂର

ଦିଶୁଛି ନା ଦିଶୁନି ମାନଚିତ୍ରର
ତମ ଗାଁ ସଫା ଦିଶୁଛି ନା
ତମ ଗାଁ ଦାଣ୍ଡ ମାଷ୍ଟର କେଣ୍ଟିନ
ରବୀନ୍ଦ୍ର ମଣ୍ଡପ ଅବା ଚାଣକ୍ୟ ପୁରୀ
ଇଣ୍ଡିଆ ଗେଟ୍ ଭଳି ସଫେଦ ସଫେଦ
ରାତି ଦିଶୁଛି ନା ଦିନପରି
ଯେମିତି ନିଅନ ଆଲୁଅ ତଳେ
ଜଳୁଥାଏ ପି.ଏମ.ଜି ସେକ୍ରେଟାରୀଏଟ୍
ତମ ବାଡ଼ିପଟେ ଫୁଟିଛି ନା
ଡାଲିଆ, ଜିନିଆ, କାଗଜଫୁଲ
କୃଷ୍ଣ ଚୂଡ଼ା ହସ
ତମ ଗାଁ ମୁଣ୍ଡ ଗୋହିରୀର ପାଣି
ଦିଶୁଛି ନା ସମୁଦ୍ର ଭଳି
ନୀଳ ଢଳଢଳ
ଏବେ ତମ ଗାଁ ଛକରେ କ'ଣ
ଓହ୍ଲେଇଚି ବିଶ୍ୱବଜାର,
ଆଗଭଳି ନାହିଁ, ଧନୀ ସା ସଉଦାଦୋକାନ
ସାହୁଘର ଖାବାର ସାଙ୍ଗକୁ କୁନାଧଳ
ଶହେ ଷାଠିଏ ଚମନ ପାନ ଦୋକାନ
ବିଶ୍ୱବଜାରର ଚମକରେ
ବିଜୁଳି ଆଲୁଅ ତଳେ ଚମକୁଛି

ତମ ଗାଁ ହାଟ, ବଜାର
ବିଶ୍ୱ ବଜାରର ନଜରରେ
ଉଜୁଡ଼ି ଯାଇଛି ଗାଁ,
ତାର ଚିତ୍ର, ଚରିତ୍ର, ଶିରୀ ଶିରପା
କ'ଣ ବଦଳିଛି ତା ଭିତର ?
ପୁରୁଣା ପୀଢ଼ିର ଆତ୍ମାଟେ
ତା ପିଠିର ସବାର୍।
ବୋତଲ କହୁଛି ଶୁଣ ରାଜନ୍
ତମ ଗାଁ ଏବେ ସୁନା ହିଁ ସୁନା
ତମ ଗାଁର ଭୋକିଲା, ନାହିଁ ନାହିଁ
ବେକାରୀ ? ସୁରଟ, ମୁମ୍ବାଇ
କି କଲିକତାରେ
ଇନ୍ଦିରା ଆବାସ:ଜିନ୍ଦାବାଦ
ପ୍ରଧାନମନ୍ତ୍ରୀ ସଡ଼କ: ଜିନ୍ଦାବାଦ
ତମ ଗାଁ ଆଉ କେତେ ଦୂର ସନାତନ,
ଗାଁ ବାସୁଛି ସହର ସହର
ଆଉ କେତେ ଦୂର କି ଯୋଜନାର ଚଷମା
ତଳେ
ତମ ଗାଁ..... ଭାବକୁ ନିକଟ
ଅଭାବକୁ ଦୂର, ତମ ଗାଁ।

■

କନ୍ଧମାଳ : ତିନୋଟି ଦୃଶ୍ୟ

॥ ଏକ ॥
ଯାହା ଘଟିଗଲା
ତାହା କ'ଣ
ହବାର ଥିଲା ?
ନା, ନିଃଶବ୍ଦରେ ଆସୁଥିବା
ନୀଳ ହାତ, ବରଫର ସ୍ପର୍ଶ ଦେଇ
ସେମାନଙ୍କୁ ନେଇଗଲା
ଘର ଠୁଁ / ମା' ଠୁଁ / ମାଟି ଠୁଁ
ଅମର୍ତ୍ତ୍ୟ ଆଡ଼କୁ
ତା'ପରେ ଚାରିଆଡ଼େ
ଖେଳିଗଲା ବିଜୁଳି
ଭୁଲ୍ ହେଉ ବା ନିର୍ଭୁଲ୍
କାହା ବାକ୍ୟର ଆଶ୍ୱାସନାରେ
ଫେରି ଆସିଲାନି ଆତ୍ମା,
ସାରା କନ୍ଧମାଳରେ
ଖାଲି ଅନ୍ଧାର ହିଁ ଅନ୍ଧାର ।
ସେହି ଅନ୍ଧାର ଭିତରେ
କବିଟିଏ
ଖୋଜୁଥିଲା
କନ୍ଧମାଳର ନୀରିହତା
କୁତମଗଡ଼ / ଦାରିଙ୍ଗବାଡ଼ି

ଖଜୁରିପଡ଼ା / ତୁଡ଼ିପାଜୁ / ଚକାପାଦ
ଟିକାକାଲି / ରାଣୀ ପଥରରୁ ଶୁଭୁଥିଲା
"ମୁଁ ଏଇଠି ଅଛି ବାବୁ
ଲୁଚିଛି ଭୟରେ,
କାଳେ ଆଉ କାହା ଭ୍ରାନ୍ତିରୁ
ଗୁଳି ବାଜିବ ବୋଲି
ମୁଇଁ ଡୁବିଛେ ସାଲୁଙ୍କୀ ପାଣିରେ।"

॥ ଦୁଇ ॥
ଗୁଳି ଫୁଟିବା ପରଠୁଁ
ସାରା କନ୍ଧମାଳରେ ବର୍ଷା
ଖାଲି ବର୍ଷା ହିଁ ବର୍ଷା।
ଭାଷିବାରେ ବର୍ଷା
ଭସେଇବାର ବର୍ଷା
ବର୍ଷାରେ ମୁଣ୍ଡ ଭିଜୁଛି ସିନା
ଜଳୁଛି ଛାତି ଭିତରର
ଜାଗ୍ରତ ଦୁର୍ବାସା
ଜାଙ୍ଗଲିକ ସୁଷମାରେ
ଭରିଯାଇଛି ଅବିଶ୍ୱାସର
ବିଷ, ବିଶ୍ୱାସରେ ମିଶିଯାଇଛି
ସାଲୁଙ୍କୀର ଢ଼ାଉଆ ପାଣି
ପାଣିରେ ଦିଶି ଯାଉଛି
ମୃତ ଶିଶୁର
ଲାଲ ରକ୍ତ,
କନ୍ଧମାଳର ରକ୍ତରେ
ଚରିଯାଉଛି ନିଆଁ /
ଜଳୁଛି ହୁତୁ ହୁତୁ
ଦେହ / ଦେହଳୀ
ଜୀଅନ୍ତା ମଣିଷର,

ବର୍ଷାରେ ଲିଭିଯାଉଛି
ମଶାଣିର ଚିତା
ସମୂହ ଶବ ର।
ବୁଢ଼ା ବାପା ଫୁଙ୍କୁଛି
ପୁଅର ଜୁଇ
ମାଆର ଲୁହରେ ଜଳୁଛି
ଅବୋଧ ଶିଶୁର ଦେହ
କନ୍ଧମାଳରେ ଏବେ
ଖାଲି ବର୍ଷା ହିଁ ବର୍ଷା ॥

॥ ତିନି ॥
ସବୁ ଜଳିଗଲା ପରେ
ଏବେ ତମାମ କନ୍ଧମାଳରେ
ଖାଲି ଜ୍ୱଳନର
ଛାଇ ଓ ଛିଟା।
କେଉଁଠି ରାସ୍ତା ଅବରୋଧ
ତ କେଉଁଠି ମୃତ୍ୟୁର ନିରବତା
କେଉଁଠି କୋହର କାକଳି
ତ କେଉଁଠି ଦମନର ଶାନ୍ତ ପ୍ରହେଳି
ଏବେ ଭେଳିକି ଭେଳି
ମଣିଷ / ଅମଣିଷଙ୍କ କୋଳାହଳରେ
କନ୍ଧମାଳର ଭୂଗୋଳ
ପଡୁଛି ଉଛୁଳି।
ଶାଳବଣରୁ ବାଘର ହେଣ୍ଟାଳ ପରି
ଶୁଭୁଛି କେଉଁ ଅଦେଖା ହାତର
କାରସାଦି / ଫିସାଦିରେ ଫସିଯାଉଛି
ନୀରିହ ପଣର ତତଲା ଭୂଇଁ।
ଗୋଟିଏ ଦୃଶ୍ୟରେ
ଏବେ କବିଟି ମୋହଗ୍ରସ୍ତ :

ସେ ଦୃଶ୍ୟ ଏମିତି,
ରାସ୍ତା ଅବରୋଧର ବେଳ
ଗର୍ଜନରେ ଭାଙ୍ଗି ପଡୁଛି
ଶାଳବଣର ଶକ୍ତ ଡାଳ
ପୀଡ଼ିତଙ୍କ ବିକଳତାରେ
ଭରି ଯାଉଛି ସାରା କନ୍ଧମାଳ,
ମା' ବୁଢ଼ୀଟିଏ
ହାତରେ ଧରି ଖଣ୍ଡେ
କାଠର ଫାଳିଆ
ଗୋଡ଼େଇ ଚାଲିଛି
ସଶସ୍ତ୍ର ସୁରକ୍ଷାବଳ / କେଉଁ ସୁରକ୍ଷା କର୍ମୀର
ପିଠିରେ ବାଜି ଯାଉଛି
ପୁତ୍ରହରା ବୃଦ୍ଧାର କୋହ ଆଉ ମୋହର
ଶାଣିତ ପ୍ରହାର
ଦୟାର ଆର୍ଦ୍ରତାରେ ହାତଟେକି
ଭୟାର୍ତ୍ତ ମୁଦ୍ରାରେ
ଫେରୁଛି, ସୁରକ୍ଷାବଳ ॥
ଏ ଚିତ୍ର
କୋହ ଓ ଦୟାର
ସ୍ନେହ ଓ ସମ୍ବେଦନାର
ଏକ ମିଶ୍ରରାଗ
ଯାହା କବି ଚିତ୍ତକୁ
ଆନ୍ଦୋଳିତ କରେ
ବାରବାର ।

■

(କନ୍ଧମାଳରେ ନିରୀହ ଆଦିବାସୀଙ୍କ ଉପରେ ଘଟିଥିବା ଗୁଳିକାଣ୍ଡ ଘଟଣା ଆଧାରିତ)

ଭୀମଭୋଇ

ତମ ଅବନା ଗୀତରୁ ପଦେ ଗାଇଦେଲେ
କି ଲାଭ ମିଳେ କେଜାଣି,
ଶଗଡ଼ ଗୁଳାର ରାସ୍ତା ଫିଟିଯାଏ
ସିଧା ଜଙ୍ଗଲକୁ,
ସଳଖିଯାଏ ଦୁନିଆର ସ୍ନାୟୁ
ଆଉ ଯେତେ ବଳଦିଆ ପିଠି।
ତମ ଗୀତ ପଦକରେ
କେବେ ପୁରେ କ୍ଷୁଧାର୍ତ୍ତ କାନି
କେବେ ତୃଷାର୍ତ୍ତ ଆଞ୍ଜୁଳି।
ଭୀମଭୋଇ ! ତମେ କ'ଣ
ଦୁର୍ବଳ ପବନ କେଉଁ ଘଞ୍ଚଅରଣ୍ୟର
ତମେ କ'ଣ ସାନ୍ତ୍ୱନାର ପୁଲକିତ ମୂର୍ତ୍ତିଟିଏ
ନିରାନନ୍ଦ ମଣିଷର ଭାଗ୍ୟ/ଭବିଷ୍ୟର
କେଉଁ ସତ୍ୟର ନିଷ୍ଠୁର ଚଟାଣରେ
ତମ କଥା, ତମ ଗୀତ
ବାରମ୍ବାର ଶୁଭୁଥାଏ/ ଗୁଣୁଗୁଣୁ ହେଉଥାଏ
ନିର୍ବୋଧ ଶିଶୁର କଣ୍ଠେ
ନାନାବାୟା ଗୀତ ପରି
କାରୁଣ୍ୟ ଓ ଶୂନ୍ୟତାର
ରୂପ/ରୂପାନ୍ତର।
ଭୀମଭୋଇ ମାନେ କ'ଣ ?
ନିଜେ ଅନ୍ଧ ହୋଇ
ଦୁନିଆର ଯେତେସବୁ ଭୟାଳୁ ବାଟୋଇ ପାଇଁ
ଚକ୍ଷୁଷ୍ମାନ୍ କରିବାର ନୂଆ ଇସ୍ତାହାର।
ପାଞ୍ଚବର୍ଷରେ ଥରେ
ଦୁର୍ବଳ ରାଇଜକୁ ସଜାଡ଼ିବା ପାଇଁ

ଗଣତନ୍ତ୍ର ଗୀତ ଗାଇ ଆସୁଥିବା
ଉପାସୀ ଦେବତା, ଭିକାରୀ ପ୍ରଭୁଙ୍କୁ
ସବୁକିଛି ଦେଇସାରି, ନିଜକୁ ସଅଁପି ଦେଇ
ନର୍କ ଯନ୍ତ୍ରଣାକୁ
ଜଗତ ଉଦ୍ଧାର କରି ବାରମ୍ବାର ଜନ୍ମ ନେଇ
ସେମାନଙ୍କୁ ଜୀବନ୍ୟାସ ଦେଇ
ଅନ୍ଧତ୍ୱ ଆବୋରି
ଏ ଦେଶର ଜନଗଣ ହୋଇଯାନ୍ତି
କବି ଭୀମଭୋଇ।
ଭୀମଭୋଇ ମାନେ କ'ଣ
ଖାଲି ଗୋଟେ ସଚ୍ଚା କବିପଣ,
ସ୍ୱାର୍ଥର ଗୋହିରୀରେ
ଭାଗ୍ୟ ଆଉ ବିଶ୍ୱାସର କାନି ଧରି ଚାଲୁଥିବା
ବିମୂଢ଼ ଜନଗଣର ନୂତନ ସ୍ପନ୍ଦନ।
ଅନ୍ଧ ଆଉ ଅନ୍ଧାରର ଭୟଙ୍କରମୁହୂର୍ତ୍ତରେ
ଶିରା ଓ ସ୍ନାୟୁରେ ଧରି ଗଣତନ୍ତ୍ର ବାନା
ଚକୁଳିଆ ପଣ୍ଡା ପରି ଗାଁ ଦାଣ୍ଡେ ବୁଲୁଥିବା
କାକୁସ୍ଥ ପ୍ରଭୁଙ୍କ ହାତେ ଟେକି ଦେବା ସବୁକିଛି
ପାଞ୍ଚବର୍ଷ ପରେ ପୁଣି ଶୁଣିବାକୁ
ପ୍ରଭୁଙ୍କର କୁମ୍ଭୀର କାନ୍ଦଣା।
ତେବେ, ଆମେ କ'ଣ ସବୁ
ଏବେ ଭୀମଭୋଇ ହେବା
ନିଜ ଆଖିର ସ୍ୱଚ୍ଛ ଆଲୁଅରେ
ପ୍ରଭୁଙ୍କୁ ଖୋଜିବା
ତାଙ୍କୁ ଆଖି ଦେବା, କାନ ଦେବା
ବାଜିଗଲେ ଦୋଷ ନାହିଁ ବୋଲି
କାକୁସ୍ଥରେ ଗୁହାରି କରିବା ?

ଲବଣ ହ୍ରଦରେ ଶୀତ

ଲବଣ ହ୍ରଦରେ ଶୀତ
ବାଘ ପରି ଆସେ ଡେଇଁ ଡେଇଁ
ଭୟାର୍ତ୍ତ ଶୀତଳ ରାସ୍ତା ଆହୁରି ଗମ୍ଭୀର
ଶୀତ ଆସେ ଥୁରୁ ଥୁରୁ ପାଦ ଥାପି
ରାଜେଶ୍ୱରୀ ଦିଦି ପରି ଘୋଡ଼ି ହୋଇ
ଗରମ ବ୍ଲାଉଜ, କାଶ୍ମୀର ଚାଦର।
ଶୀତରାତି ଶୂନ୍‌ଶାନ୍
ଖୁବ୍ ବେଶୀ ଶୂନ୍ ଶାନ୍ ଲବଣ ହ୍ରଦର ରାସ୍ତା
ଶୀତଳ ବରଫ ପରି ଆହରି ନୀରବ
କାଚର ଝରକା ଡେଇଁ
ଶୀତ ଆସେ ଧସେଇ ପଶେଇ
ଏ ବେଳରେ ଖୁବ୍ ବେଶୀ ମନେ ପଡ଼େ
ଝୁମା ଦିଦି ଜିନ୍ ଆଉ ଟି' ସାର୍ଟ
ଗୋରା ଦେହ ଲିପ୍‌ଷ୍ଟିକ୍ ଓଠ
ଭଲ ଲାଗେ ଓଠ ତଳେ ଚିପା ଚିପା ଓଦା ହସ
ହସ ନୁହେଁ ଉହ୍ଲେଇ ଉଶ୍ୱାସ
ଥୁରୁ ଥୁରୁ ଛାତି ତଳୁ ବାରି ହୁଏ
ଆଉ କାହା ତାତିର ନିଃଶ୍ୱାସ।
ଏମିତିକା ଶୀତରେବି ଝୁମା ଦିଦି ଛାତ ପରେ
ଅଷ୍ଟମୀ ତିଥୀରେ ଜହ୍ନ ମୁହଁ ଢାଙ୍କି କାକରରେ
ଲାଜକୁଳି ଝିଅ ପରି ଉଙ୍କିମାରେ କବାଟ କୋଣରୁ

ଏମିତିକା ଶୀତରେ ବି ମୋ ଭିତରୁ ଉଙ୍କିମାରେ
କେଉଁ କାଳୁ ହଜିଥିବା ଯୁଆନର
କ୍ଷୁଧାତୁର ନକ୍ସାର ଭଉଁରି ।
ଲବଣ ହ୍ରଦରେ ଜମେ ଶୀତର ଆସର
ନିଅନ ଆଲୁଅ ତଳେ ଝାପ୍‌ସା ଦିଶେ
ଅର୍ଦ୍ଧ ରାତ୍ର ପ୍ରେମିକ ନାଗର
ପେଟ ଭର୍ତ୍ତି ଦେଶୀ ମଦ
ପାଟିରେ ତା' କୋଠିର ଗଜଲ ।
କିବା ଲାଭ ଗଙ୍ଗାକୂଳ, କାଳୀଘାଟୀ
ଏମିତି ଶୀତରେ ଭଲ
ଝୁମା ଦିଦି ଗଳିର ଆସର
ଲବଣ ହ୍ରଦରେ ଶୀତ
ମିଠା ଠାରୁ ଆହୁରି ମଧୁର ।
ଜଟାୟୁର ଭଗ୍ନ ଡେଣା
ରୋକେ ନାହିଁ ଶୀତ ତ୍ରାସ
ମୋ ବିଦେଶୀ ଶ୍ରୀରାମ ନଅର
ସହିବାକୁ ହେବ ଏବେ କିଛିଦିନ
ଦେଶାନ୍ତରି ଦୁଃଖ ଆଉ ଶୀତ ଖରା
କୁହୁଡ଼ି କାକର
ଜାନକୀର ସ୍ନେହ ଶ୍ରଦ୍ଧା ଭଲ ଲାଗେ
ଭଲ ଲାଗେ ଏ ପ୍ରବାସୀ ଘର
ବେଳେ ବେଳେ ମନେ ପଡ଼ି ଦୁଃଖ ଲାଗେ
କେମିତି ଅଛଇ ଏବେ ମା' ପରି ଭାରି ପ୍ରିୟ
ବହୁ ଦୂରେ ମୋର ସେହି ଅଯୋଧ୍ୟା ନଗର ।
ଶୀତ ଏଠି ମିତଟିଏ
କୁହୁଡ଼ି ଘେରା ସକାଳ
ଆଂଚ ଚୁଲା ଚା' ଖଟି ଗରମ ଆସର
ଶୀତ ଏଠି ମିତଟିଏ
ଶୀତଳ ରାତିଟେ ପାଇଁ

ଡହ ଡହ ଦେହ ନିଆଁ ରାତି ଉଜାଗର
ଶୀତ ଏଠି ମୋ ମିତଣୀ
ରାତିର ରେଜେଇ ତଳେ
ମନେ ପଡ଼େ ବନଲତା ବଳ
ନବମ ଶ୍ରେଣୀର ଝିଅ
ହାଇସ୍କୁଲ ସାଥୀ ମୋର
ତା' ସାଥୀରେ କଟୁଥିଲା ମୁଗ୍ଧ ଖରାବେଳ
ଶୂନ୍‌ଶାନ୍ ବାଡ଼ିପଟ ପିଜୁଳି ଗଛ ମୂଳରେ
କଅଁଳ ରତିର କେଉଁ ଅପହଂଚ କାଳ।
ଏତେ ସପନକୁ ଆଉ ରାତି କାହିଁ
ବାୟା ବସା ପରି ବାଳ,
ଏପ୍ରିଲର ଶୁଷ୍କ ଛାତି
କେଉଁ ଦୂର ଶାଶୁ ଘରେ
ଦୁନିଆ ରୋଗ ଆବୋରି
ବସିଅଛି ବନଲତା ବଳ।
ଶୀତ ଏବେ ମିତ ନୁହେଁ
ଧୂଧୂ ଖରାବେଳ, ଅଶିଣ ସୁଆଁତି
କେବେ ମାଘର ଦୁଷ୍କାଳ।

■

(ଲବଣ ହ୍ରଦ - କଲିକତାର ସଲ୍ଟ ଲେକ୍)

ବସନ୍ତ ଆସିଛି

ବସନ୍ତ ଆସିଛି ଆଜି
ପିଲାଦିନ ହସ ପରି
କୁହୁଡ଼ି ପହଁରି, ବସନ୍ତ ଆସିଛି
ମୋ ପ୍ରିୟାର ନିଦ ଭାଙ୍ଗି, ତା ଆଖିରେ ସ୍ୱପ୍ନ ଦେଇ
ଓଠରେ ତା ମୋନାଲିସା
ହସ ଗୁନ୍ଥି ଦେଇ ।
ବସନ୍ତ ଆସିଛି ଆଜି, କୁକୁଡ଼ାର ମୁକୁଟରେ,
ନାଲି ପଳାଶରେ,
କୃଷ୍ଣ ଚୂଡ଼ା ହସ ପରି
ମୋ ପ୍ରିୟା ର ଓଠରେ, ଓଠରେ ।
ବସନ୍ତ ଆସିଛି ଆଜି ମହୁଲର
ମହୁଆ ରେ ମତୁଆଲା ଭଅଁର ଚୁମା
ଶିମିଳି ଫୁଲର ସ୍ୱଚ୍ଛ ପାଖୁଡ଼ା ରେ ।
ବସନ୍ତ ବି ଆସିଥିଲା ଗଲାସନ
ଦୂରେ ଫିଙ୍ଗି ରଙ୍ଗ ପିଚକାରୀ
ଫଗୁଣ ଫୁଲର ହାଟ
ସହର ତଳିର କେଉଁ ଅନ୍ଧାର
ରକ୍ତ ହୋଲି ଖେଳି ।
ଏ ବସନ୍ତ ଗେହ୍ଲା ପୁଅ ପରି
ଛଡ଼େଇ ନେଇଛି ମାଆର ପଣତ ଖୋଲି, ସୌଭାଗ୍ୟର ଚାବିନେନ୍ଥା
ଫୁଲ ଆଉ ଫଗୁଣ ସୋରେଇ ।
ବସନ୍ତ ଆସିଛି ଆଜି
କୋଇଲିର ମଧୁର ରାଗରେ
ମୋ ପ୍ରିୟାର ପ୍ରିୟ ଗୀତ ବୋଲି
ଶୋଇ ଯାଅ ପ୍ରିୟା ମୋର
ଫୁଟି ଉଠୁ ଓଠ ତଳେ, ହସର କାକଳୀ ।

■

ମୋ ଗାଁ

ଗାଁ, ତମକୁ ବା ସଚିବାବୁ ଦେଖି ଥିଲେ କେବେ,
ଭୂଗୋଳ ବହିରେ ଥିଲା କି ନଥିଲା ତମ ନା।
ଆଜି ଗାଁକୁ ଗଲେ: ମୁଁ ଖୋଜେ
କେଉଁଠି ହଜିଛି ଚିତ୍ର, ଗାଁ ଲାଗେ
ସହର, ସହର।
ଆଶା ଭରସାର ପୀଠ, ବଡ଼ାମ୍ବା ମନ୍ଦିର। ଦିଶୁନି ତ, କାହିଁ ଗାଁ ମଝି
ଲାଇବ୍ରେରୀ ଘର, ସକାଳ, ସଞ୍ଜରେ ଶୁଭେ, ସରକାରୀ ରେଡ଼ିଓରୁ
ଆକାଶ ବାଣୀ କଟକ, ଖବର, କୃଷି ସଂସାର।
ଆଜି ଆଉ କୃଷି କାହିଁ।
ଦିଶୁନି କୃଷକ ଜଣେ
ସରକାରୀ ଯୋଜନାରେ
ପୋଷ୍ଟର ବୟ ଟେ ଭଳି
ଝୁଲୁଥାଏ ଚିତ୍ର ତା'ର, ଗାଁ ଠୁ ସହର।
କୁଆଡ଼େ ହଜିଲା ଗାଁ, ତା ମାଟି ମାଟି ବାସୁଥିବା ଚାଳଘର,
ଲାଉଡଙ୍କ, ପୋଈଲତା
ନାଲିମାରିଶ, ଟୁବି ଗାଡ଼ିଆର
କଅଁଳ କଳମ ଶାଗ, ଆମ୍ବ କଷି ପଖାଳର ସୁଆଦିଆ ବେଳ।
ଏବେ ଗାଁ ନା ଖାଲି ବିୟୋଗାନ୍ତ ନାଟକର ଶେଷ ଦୃଶ୍ୟ, ଖାଁ ଖାଁ
ନିସର୍ତ୍ତ ନିଶ୍ୱାସ। ବିଜୁଳି ଆଲୁଅ ତଳେ, ଗାଁ ଦିଶେ ଅନ୍ଧାର, ଅନ୍ଧାର।
ଏବେ ଗାଁ ଆଡ଼େ ଗଲେ, ଭେଟ ଆଉ ହୁଅନ୍ତି ନି,
ବାରିକ ଛକରେ ପ୍ରିୟ କବି

ମୋ କଲେଜ ବେଳର ସାର୍
ଝୋଟି ଚିତା କାନ୍ଥ ଭଳି
କବି କମଳାକାନ୍ତ, ସେନେହ ବାରିଧିଟିଏ,
ହଜିଗଲା ତାଙ୍କ ଦେହ
ବହି ଦେହେ ଦିଶନ୍ତି ଉଜ୍ଜ୍ୱଳ।
ଦେଖିଲି ନାହିଁ ତ, ଆମ ହାଟଛକ
ଏବେ ଯାହା ଲାଗୁଥାଏ ଛୋଟ ଏକ
ସହରର କାନି ପରି, ପୁରୁଣା ମିଠା ଦୋକାନ ଚୈତ ଭାଇର
ପିଲାଦିନ ହାଟପାଳି ବାପାଙ୍କ ଅଡର
ପିଆଜି ଓ ଆଳୁକଷା, ଗୁଲୁଗୁଲା
ଜିଲାପିର ମଜା, କାହିଁ ଦେଖି ନି ତ
ଗାଁରେ ଏଥର।
ଶୁଣିଲି ଟୋକା ସରପଞ୍ଚ, ବଜାରରେ
ବସେଇଛି, ଠିପି ଖୋଲା, ଆସ୍କା ଫୋଟି, ପାନ ଦୋକାନରେ
ଖୁଲମଖୁଲା ବେପାର, ପରୱା ନାହିଁ
ଜିଲ୍ଲା ପରିଷଦ ତାଙ୍କ ଦଳର।
ଭାବୁଛି, ଆଉ ଯିବିନା ଗାଁକୁ ଆମର।
ଗାଁ କୁ ଖୋଜିଲି ବୋଲି
ଗାଁ ମୋତେ କରିଦେଲା ପର,
କୁହ ଏବେ ନଗ୍ରଜନେ
କେଉଁଠି ହଜିଛି ଗାଁ
ସଚ୍ଚି ରାଉତରାଙ୍କ ଭୂଗୋଳ ବହିର।

■

ସିଂହବାହିନୀ

ଯୁଗ ଯୁଗ ଧରି
ଖରା ଓ ବର୍ଷାରେ ତମେ
ଅପେକ୍ଷା କରିଛ ଏଠି
ଦେଉଳ ଦୁଆରେ
ପଥରର ସିଂହ ବାହାନରେ ।
ଧୂଳି, ଧୂଆଁ ଓ ପକ୍ଷୀଙ୍କ ଡେଣା ଝଡ଼ାରେ
ଖୁବ୍ ଚିକ୍କଣ ଦିଶୁଛି ତମ ଦେହ ॥

ନୀରବରେ/ନିଥର ଭାବରେ
ତମେ କ'ଣ ଦେଖୁଛ ଯେ ?
ଏ ମନ୍ଦିରର ପାହାଚରେ ଉପର-ତଳ
ହେଉଥିବା ଭୋକିଲା ମଣିଷର
ପଟୁଆର,
ତମେ ହିଁ ତ ସତେ ବୁଝିଛ
ଧର୍ମର କି ମାନେ
ଏ ମଣିଷ ଜାତିର ?
କିଏ ଜାଣେ,
ତମେ ବୋଧେ ପହଞ୍ଚିଛ
କେଉଁ ଅଣବାହୁଡ଼ା ବିନ୍ଦୁରେ ?
ନା ତମ ଜିଭରେ ରକ୍ତ
ନା ଆଖିରେ ନିଆଁ

ନା ତମ ସିଂହର ପରାକ୍ରମ,
ତୀକ୍ଷ୍ଣ ନଖ ତା'ର କେବେଠୁଁ
ଲୁଚିଲାଣି, ନିଦ୍ରାଳୁ ପାପୁଲିରେ।

ତମେ ଦିଶୁଛ: ଯେମିତି
ଅନ୍ଧାରରେ ମହମବତୀ ଧରି
ନିରୀହ ମଣିଷର ତଣ୍ଟି ଚିପୁଥିବା
ଲୋକଙ୍କ ପାଇଁ ପ୍ରାର୍ଥନା କରୁଛ
କେଉଁ ଆକୁଳ ଆର୍ତ୍ତିରେ,
ଏହା କ'ଣ ତମ ପାଇଁ ଏକମାତ୍ର ପଥ ?

ନା ପୁଣିଥରେ
ପଥରର ନିର୍ମୋକ୍‌ରୁ ଜନ୍ମ ନେବ
ରକ୍ତ ଓ ହିଂସାର
ତମ ପ୍ରିୟ ରୂପ
ତମ ବାହାନର ରୂପ।

ଧୃତରାଷ୍ଟ୍ର

ଏବେ ରାସ୍ତାର ଦୋଛକିରେ ତମେ,
ଏକ ପାଖରେ ପାପର ପଟୁଆର
ଆର ପାଖରେ ପୁଣ୍ୟର ଇସ୍ତାହାର
ତମେ ଏବେ କାହାର ହେବ ଯେ ?
କେଉଁ ଅବାଧ୍ୟ ଅଲିଅଳର ରକ୍ତରେ
ତମ ଶିରା ପ୍ରଶିରା ଉତ୍ତେଜିତ,
କେଉଁ ଆଜ୍ଞାବହର କାକୁସ୍ଥତାରେ
ତମ ହୃଦୟ ସ୍ପନ୍ଦିତ ।

ଖଣ୍ଡାଧାରରେ ଚାଲିଚାଲି ତମେ
ଏବେ ଲହୁଲୁହାଣ ।
ପାଟି ଖୋଲିଲେ ଦ୍ରୋହ
ପାଟି ବୁଜିଲେ ବିଦ୍ରୋହ
ନେତ୍ର ଖୋଲିଲେ ଚିତ୍ରିତ ଚଉପାଶ
ନେତ୍ର ବୁଜିଲେ ସଚିତ୍ର ବିନାଶ ।

ତମର କେଉଁ ଆଖି ଅଛି ଯେ ?
ଆଖିଥିଲେ କ'ଣ ଏମିତି ଛିଡ଼ା ହୋଇଥାନ୍ତ
ଦୁର୍ବୋଧ୍ୟ ଅସହାୟତାରେ,
ଦୋଛକି ରାସ୍ତାର ମଝିରେ
ଏତେ ଦ୍ୱନ୍ଦ୍ୱରେ / ସନ୍ଦିଗ୍ଧତାରେ ।
ଯାଇଥାନ୍ତ ଯୁଆଡ଼େ ପାଇଥାନ୍ତ ଆଖି
ଦେଖି ଦେଖି ରାସ୍ତାର ସଠିକ୍ ନକ୍ସା,

କଣ୍ଟାଝଣ୍ଟା / ଖାଲଖମା, ବାଟର ଇସାରା
କେହି କହିବାକୁ ନଥାନ୍ତେ
ବାଟରେ ଗଲ କି ଅବାଟରେ, ବାଟରେ ଯାଇ
ଭୁଲିଗଲ କି କାହା ଆତ୍ମୀୟତା
ଅବାଟରେ ଯାଇ ଗଢ଼ି ବସିଲ କି
ଗୋଟେ ନିର୍ଭୁଲ ଶତ୍ରୁତା ।
ତମ ଆଗରେ, କିଛି ଦୂରରେ
ଟିକ୍‌ଟିକ୍ କରୁଥିଲା ଗୋଟେ ଉଆସ, ସିଂହାସନ,
ଆଖିରେ ଅନ୍ଧପୁଟୁଳି ବାନ୍ଧି
ତମ ସହ ପାଦ ମିଶେଇ ଚାଲୁଥିବା ପତ୍ନୀ
ଆଖି ଥାଇ ଅନ୍ଧଭଳି ଚାଲୁଥିବା
ତମ ଅବାଧ୍ୟ, ବଞ୍ଚିତ ପୁତ୍ରମାନେ,
ତାଙ୍କ ସହ ପାତ୍ର, ମନ୍ତ୍ରୀ, ସାଥି ସହୋଦର
ସାରା ଦରବାର, ତମେ ଦେଖିପାରୁନଥିଲେ ବି
ସେମାନେ ମିଶି ଯାଇଥିଲେ ତମ ରକ୍ତରେ,
ଶିରା ପ୍ରଶିରାରେ, ଛୁଇଁ ନପାରିବାର ଦୁଃଖରେ
ତମେ ଭାଙ୍ଗି ପଡୁଥାଅ ଖଣ୍ଡ ଖଣ୍ଡ,
ତମ ପିଲା କବିଲାଙ୍କ ପାଦତଳୁ
ଖସି ଯାଉଥାଏ ମାଟି
କେଉଁ ପୁରୁଣା କଥାର ମାୟାରେ
ବନ୍ଦ ହୋଇଯାଇଛି ତମ ଆଖି ।
ଆହା କି ଦୁର୍ଭାଗ୍ୟ !
ଧୃତରାଷ୍ଟ୍ରମାନେ କ'ଣ ଚିରକାଳ ଅନ୍ଧ ?
ଦେଖି ପାରନ୍ତିନି ସଠିକ୍ ରାସ୍ତାର ଠିକଣା
ରକ୍ତ ଆଉ ମମତାର ଦାପଟରେ
ବାଟବଣା ବାଟୋଇଟେ ପରି
ଆଖି, କାନ ବନ୍ଦ କରି
ଛୁଉଁଥାନ୍ତି ସ୍ୱପ୍ନର ହସ୍ତିନା ।

■

ସ୍ୱପ୍ନହୀନ ଆଖି

ଏବେ ଆଉ ଆଖିକୁ
ସ୍ୱପ୍ନ ଆସୁନାହିଁ ଆଗପରି,
ଲିଭି ଆସୁଛି ଆଖିରୁ
ଯାବତୀୟ ନିଶାର ସ୍ଥିରଚିତ୍ର
ପୋଷା ମାନିଥିବା ଇଚ୍ଛାର ଅକୃତଜ୍ଞତାରେ
ଯେମିତି ଭରି ଯାଉଛି ନିଦ୍ରାଳୁ ଆଖିରେ
ଲୁହ ଧାର ଧାର।

ନିପାରିଲା ମଣିଷର ଭାଗ୍ୟରେ
ଆଉ କ'ଣ ଥା'ନ୍ତା ଯେ
ପାହାନ୍ତି ଶୀତର କ୍ଳାନ୍ତ ଘୋଡ଼ାଟେ ପରି
ଅସହାୟତାରେ ଥୁରୁଥୁରୁ
ଅମଣିଷ ମାଲିକ ପଣିଆର କୋରଡ଼ା ମାଡ଼ରେ
ଏବେ ଜୁଡୁସୁଡୁ ବଂଶ, ଗୋତ୍ର
ପରମ୍ପରା, ସବୁ ଯେମିତି ଚେଙ୍କେଇ ଦେଇ
କହୁଛନ୍ତି: କି ବର ମାଗିବୁ ଏଠି
ଫୁଲର ଦୋଳିରେ ମହୁମାଛି ଗୁଣୁଗୁଣୁ
ଇତଃସ୍ତତ ବ୍ରହ୍ମାଣ୍ଡ-ଭୂଗୋଳ।
କାହିଁ ଏଠି ସ୍ୱପ୍ନର ସମ୍ବଳ।
ଏବେ ସବୁ ସ୍ୱପ୍ନର ସିନ୍ଦୁକରେ
କିଏ ବାନ୍ଧି ଦେଇଛି ଶକ୍ତ ଡୋର

ଏଠି ଥିବା, ନଥିବାର ବିଚିତ୍ର ଭାବରେ
ସଭିଏଁ ବିଭୋର ।
ସ୍ୱପ୍ନ ପାଇଁ ଆଖି ନାହିଁ,
ସମୟ ବି ନାହିଁ,
ରାତି ଆଉ ଆଗପରି ସ୍ୱପ୍ନମୟ ନାହିଁ
ଅନ୍ଧାରରେ ଜୁଳୁଜୁଳୁ
ତାରାଙ୍କର ଲୁଚକାଳି ଖେଳ
ଯେମିତି ଭରିଯାଉଛି ନିଦ୍ରାଳୁ ଆଖିରେ
ଲୁହ ଧାରଧାର ॥

ନୂଆବର୍ଷ ହେଲେ

ନୂଆ ବର୍ଷ ହେଲେ
ଦେଖା ହେବ ତମ ସହ
ତମର ସେ ଫଗୁଣ ରଂଗର ଦେହ
ସଜାଡ଼ିବ କୋମଳ ସ୍ନେହର ଶେଜ
ଘୋଡ଼ାଇବ ଦେହ ମୋର
କୁହୁଡ଼ିର ଚାଦରରେ,
ସେତେବେଳେ ତମ ବଗିଚାରେ
ବସିଥିବ ରଂଗୀନ ଫୁଲର ହାଟ,
ନୂଆବର୍ଷ ହେଲେ ।
ନୂଆବର୍ଷ ହେଲେ
ତମେ ବି ଆସିବ ଡେଇଁ
ସମୟର ଦ୍ୱାରବନ୍ଧ
ଜାଣିବେନି କେହି,
ଚୁପ୍‌ଚାପ୍ ଅଧରାତି
ଏକାଏକା ଦେଖୁଥିବ
ତମ ମୋର ଗୋପନ ପୀରତି ।
ନୂଆବର୍ଷ ହେଲେ
ତମେ ସତେ ଆଉଁସିବ
ମୋ ଦେହର ଶୀତଳତା
ଭରିଯିବ ତାତି
ସେ ତାତିରେ ଉଛୁଳିବ
ରାତି ଆଉ ରତି ।
ହଁ, ନୂଆବର୍ଷ ହେଲେ

ତମ ସହ ଚାହିଁଥିବି
କେତେବେଳେ ପାହିଯିବ
ପଉଷ ପାହାନ୍ତି ॥
ନୂଆବର୍ଷ ଆସିଗଲେ,
ଖୁଉବ୍ ବେଶୀ ମନେପଡ଼େ
ତମ କଥା, ତମେ ସତେ
ମୋ ପାଇଁକି
ଏ ସୁନ୍ଦର ଭୁବନରେ
ସ୍ମୃତି ଆଉ ସ୍ୱପ୍ନଙ୍କର
ତୋଫା ଜହ୍ନରାତି ॥
ନୂଆବର୍ଷ ହେଲେ
ବେଳେବେଳେ
ମୁଁ ବି ଶଙ୍କିତ ହୁଏ,
କାଳେ ତମେ ପଚାରିବ
ମୋ ପିଛିଲା ଦିନର କଥା,
ବାକିଥିବା ଆଉ ଯେତେ
ଘରକରଣାର କଥା,
ଖୋଜିବକି ଘରଖର୍ଚ୍ଚ ଖାତା ।
ନୂଆବର୍ଷ !
ତମେତ ଆସିବ ବୋଲି
ଖୋଲି ଦେଇଛି
ମୋ ନୂଆ ଡାଏରୀର ପୃଷ୍ଠା,
ଆଙ୍କିବାକୁ ତମ ଲକ୍ଷ୍ମୀ ପାଦ,
ମୁକୁଳା ଅଗଣା ସାରା
ଝୋଟି ଆଉ ଚିତା
ନିରୋଳାରେ ତମ ସହ
ଆଲିଙ୍ଗନ ପାଇଁ
ଖୋଲା ଅଛି ମୋ ଦାଣ୍ଡ ଦରଜା ॥

ଯାତରା ଯାଆନା ଝିଅ

ବାଆ କହୁଥିଲା:
ଝିଅ, ଯାଆନା ଦେଖି
କାଳୀ ଯାତରା,
ବାଆ କହୁଥିଲା:
ଝିଅ ଲୋ ! ଯାଆନା ଦେଖି
ଆର ଗାଁ ଅପେରା ।
ଝିଅ ମାନିଲା ନାହିଁ,
ଗଲା ସାଇଝିଅଙ୍କ ସାଙ୍ଗରେ
ଆସି ନଥିଲା ସଂଜୁଆ ତାରା
ହରିପୁର ଗାଁ ମୁଣ୍ଡ
ମାଧ ସାହୁ ଦୋକାନରେ
ଭିଡ଼ ଥିଲା, ଦଳେ ବାତରା
ଆସ୍କା ଫଟି, ପକୁଡ଼ିରେ
ହୋ ହଲ୍ଲା, ଦମ୍ ପାଳା ।
ମାଧ ସାହୁ ଦୋକାନରୁ
କୋଶେ ଦୂର, କାଳୀ ଯାତ୍ରା
ମଝିରେ ଲମ୍ବା ପାଟ,
କାଉ ପର ଭଳି ଘଞ୍ଚ ଅନ୍ଧାର
ଉଞ୍ଚ ଆକାଶରେ
ମିଟିମିଟି ତାରା
ପଛରୁ ଶୁଭୁଥିଲା
ଆସ୍କାଫଟିର କିଳିକିଳା ।
ଝିଅ ମାନିଲା ନାହିଁ
ଦେଖି ଗଲା ଅପେରା

କାଲି ରାତିରୁ ଆଉ
ଫେରିଲାନି ଝିଅ,
ଦୁଇଦିନ, ଦୁଇ ରାତି ପରେ
ନଈ ପଠାରୁ ମିଳିଲା
ଚପଲ, ଚିରାଫ୍ରକ୍, ଆସ୍କାଫଟି
ଖଣ୍ଡେ ଦୂରରେ
ଝିଅର ବାସିମଡ଼ା ।
ପାଞ୍ଚଖଣ୍ଡ ଗାଁରେ
ହୁରି ପଡ଼ିଗଲା, ଖବର ଉଡ଼ିଲା
ପବନରେ / କାନରେ,
ଥାନାବାବୁ ଆସିଲେ,
ବାପା ନେହୁରା ହେଲା;
ଥାନାବାବୁଙ୍କ ଗୋଡ଼ ଧରି
ବହେ କାନ୍ଦିଲା: କିଏ ମାରିଲା
ବିଚାରୀ ଝିଅଟା ମୋ ଆକଟ ନ ମାନି
ଅପେରା ଦେଖି ଯାଇଥିଲା ।
କିଏ କହିଲା:
ଝିଅତ ବସିଥିଲା ଅପେରାରେ
ଯେତେବେଳେ ଭିଲେନ୍
ବୈରାଗୀ ପଣ୍ଡା,
ହିରୋଇନ୍‌ର କଞ୍ଚା ମାଂସକୁ
ପଳପଳ ଝୁଣୁଥିଲା
ଅନ୍ଧାରି ମଞ୍ଚରେ ।
ମଞ୍ଚ ଆଲୁଅ ହେବା ବେଳକୁ
ଝିଅ ଆଉ ସେଠି ନଥିଲା ।
କିଛି ଦୂରରୁ
ତା କାନ୍ଦ ଶୁଭୁଥିଲା,
ଚିହ୍ନା ଚିହ୍ନା ଦିଶୁଥିବା
ସରପଞ୍ଚ ପୁଅ,

ପାଚି ବାରି ପାରୁଥିବା
କନେଷ୍ଟବଲର ପୁଅ
ସବୁ ଚିହ୍ନା ମାନଙ୍କୁ
ହାତ ଯୋଡ଼ିଲା:
ଛୁଅଁ ନାହିଁ ମୋତେ
ଛୁଇଁଲେ ଛଅନ୍ତା ହେବି
 ମାସେ ପରେ ବାହାଘର,
ଶୁଣିଲେନି କେହି
 ଅପେରା ଶବ୍ଦରେ
ହଜିଗଲା ବିଚାରୀ ଝିଅଟା।

ଥାନାବାବୁ ଡାଏରୀ ଲେଖିଲେ:
ମୃତା କୁନି ମୁଣ୍ଡା
ବାପା ଶୁକୁରା ମୁଣ୍ଡା
ଘର ଠାକୁର ମୁଣ୍ଡା
ହାଲ୍‌କୁ ଏବେ
ଗଉଡ଼ପାଟଣା ଗାଁର
ଆଦିବାସୀ ପଡ଼ା।
ଗାଁ କେନାଲ ଖୋଳାହେବାଠାରୁ
ଚାଳିଶ ବର୍ଷ ଧରି
ଚାଳିଶ ଘର ମୁଣ୍ଡାଙ୍କ ସାହି
ଆଦିବାସୀ ପଡ଼ା।
ଖବର କାଗଜ ବାଲା
ପଚାରିଲାରୁ
ଥାନାବାବୁ କହିଲେ:
ନଈ ଜୁଆରିଆ ଥିଲା
କୁମ୍ଭୀର କାମୁଡ଼ାରେ
ଏ ଝିଅଟା ମଲା
ତା' ଦେହ ସାରା

କୁମ୍ଭୀର ଆମ୍ପୁଡ଼ା।
ଦେହରେ ଲୁଗା ନ ଥିଲା।
କୁହାଳିଆ ସାମ୍ବାଦିକ:
କୁମ୍ଭୀର କ'ଣ ତା ଲୁଗା
ଖାଇଗଲା, ପଚାରିଲା,
କିଏ କହିଲା; ସରପଞ୍ଚ ପୁଅ
ଆଉ ଚାରିଟୋକା ଥାନାରୁ ଆସି
କାଲି ରାତିରୁ ଫେରାର।
ଥାନାବାବୁ ଶବ ସତ୍କାର କଥା କହି
ଫେରିଗଲେ ଥାନାକୁ।
ତାପରେ ସରପଞ୍ଚ ବିରୋଧୀ
ଦଳେ ଟୋକା,
ଶବକୁ ମଝି ରାସ୍ତାରେ ରଖି
କଲେ ରାସ୍ତା ଅବରୋଧ
ମାଗିଲେ ନ୍ୟାୟ ଦିଅ ଶୁକୁରାକୁ,
ଦିଅ କ୍ଷତି ପୂରଣ ପାଞ୍ଚଲକ୍ଷ
ଖଣ୍ଡେ ଚାକିରୀ
ତା' ଭେଣ୍ଡିଆ ପୁଅକୁ।
ଗଣତନ୍ତ୍ର ନିକିତିରେ
ମପାହେଲା
ଶୁକୁରା ପାଇଁ ନ୍ୟାୟ/ଅନ୍ୟାୟର
ଲୋଭନୀୟ ଥୋପ,
ପାଞ୍ଚ ହଜାର ପାଇ
ଶୁକୁରା ହେଲା ଚୁପ୍
ଥାନାକୁ ବନ୍ଧା ହେଲେ
ରାସ୍ତା ଅବରୋଧ ଦୋଷରେ
ପଂଝାଏ ନିର୍ବୁଦ୍ଧିଆ
ଗଣତନ୍ତ୍ର ପ୍ରେମୀ ଟୋକା!!!

ଛୁଅଁନା, ଛୁଅଁନା ଦିହ

ମୋ ଡିହ ଖଣ୍ଡକ
ନିଅ ପଛେ,
ମୋ ଦିହ ଖଣ୍ଡକ
ଛୁଅଁନା, ସାହୁକାରେ !
ଯା' ନଉଛ ନିଅ:
ସାରା ଜଙ୍ଗଲ
ଜଙ୍ଗଲର ପଶୁପକ୍ଷୀ,
ଗଛଲଟା, ପାଣିପବନ
ଖଣି-ଖାଦାନ
ସବୁ ଉଜାଡ଼ି ନେଇ ଯ' ସାହୁକାରେ !
ତମ ଦିହକରେ
ମୋ ଦେହ ଛୁଇଁବାକୁ
ଆଖିର ତୀର ମାରନା ।
ତମ ଆଖି ତୀରରେ
ଲିଭି ଯାଉଛି ଦେହର କ୍ଷୁଧା
ରକ୍ତରେ ଲାଗୁଛି ନିଆଁ ॥

ମୁଁ ଆଉ କ'ଣ
ସାଇତି ରଖିଛି କି
ଏ ଦିହ ଖଣ୍ଡକ ଛଡ଼ା ?
ସବୁତ ଉଜୁଡ଼ିଗଲା

ତମ ଆଖି ଇସାରାରେ:
ନାଲି ଢାଉଆ ମାଟିରେ
ରଂଗେଇଥିବା
ମୋ ଝାଟିମାଟିର କୁଡ଼ିଆ,
ଡଙ୍ଗର ପୋଡ଼ି
ମୋ ହାତରେ ସାଉଁଳେଇ ଥିବା
ଝରଣା କୂଳର ଡିହ
ଯେଉଁଠି ଦିନେ
ଖୁସିରେ ହସୁଥିଲା ସୋରିଷଫୁଲ
ମକା ଓ ମାଣ୍ଡିଆ,
ମୋ ନୁଆଁଣିଆ ପିଢ଼ାର ମଥାନରୁ
ମୁଣ୍ଡ ଟେକି ହସୁଥିବା
ଲାଉ ଓ କଖାରୁ ଡଙ୍କର ସଂସାର,
ବାଡ଼ିପଟ ଶାଳଗଛରୁ
ବଣମଲ୍ଲୀ ଆଉ କୁରେଇ ଫୁଲର ବାସ୍ନା,
ଏମିତି କେତେ କ'ଣ ?
ସବୁତ ନେଲ ସାହୁକାରେ,
ଆଉ ମୋ ଦିହର ବଡ଼ ଲାଳସା
ମନର ମଣିଷଟାକୁ
ମୋ ଦିହଠୁଁ ଦୂରେଇ ନେଲ
ମୁଠେ ଟଙ୍କା, ଟୋପେ ମହୁଲି
ଲୋଭରେ ॥

ମୋ ଡିହ ଉପରେ
ବସେଇଲ କାରଖାନା, ସହର,
ନିଅନ ଆଲୁଅ ତଳେ
ଲୁଚିଗଲା,
ବାସନ୍ତୀ ଓରାମ, ସୁକୁମାରୀ ମୁଣ୍ଡା
ସୁମନ୍ ହେମ୍ବ୍ରମ୍‌ର ଝାଟିମାଟି ଘର ।

ଖବରଦାର
ସାହୁକାର !
ମୋ ଦିହ ଉପରେ
ପକାଅନା ନଜର,
ନିଆଁରେ ଜଳିଯିବ
ତମ କୋଟିକମ ସଭ୍ୟତାର
ନଗ୍ନ ଇସ୍ତାହାର ।

ଧନଞ୍ଜୟର ଶେଷଦିନ

ତମ ଶେଷଦିନର
ସେହି ଦୁଃଖଦ ପାହାନ୍ତିରେ ବି
ଟି.ଭି. ଘରୋଇ ଚାନେଲ୍‌ରେ
ଚାଲୁଥିଲା, କିଛି ଲଙ୍ଗୁଳି ଝିଅଙ୍କ
ଉତ୍ତେଜକ ନୃତ୍ୟ,
ତମ ପାଇଁ କାନ୍ଦୁଥିବା କିଛି ଲୋକଙ୍କ
ଟି.ଭି ବି ଖୋଲିଥିବ ଠିକ୍ ସେତେବେଳେ
ଯେତେବେଳେ ତମ ଦୁଇ ଆଖି
ବନ୍ଦ ହୋଇ ଯାଇଥିବ
ଅନୁପ ଜଲୋଟାଙ୍କ ଭକ୍ତି ସଂଗୀତରେ ।

ତମ ଶେଷଦିନର
ସେହି ଦୁଃଖଦ ପାହାନ୍ତିରେ ବି
ନାରୀ ଓ ନିଶାରେ ମସ୍‌ଗୁଲ୍
କିଛି କାମୁକ ବି ଫେରୁଥିବେ
ସହରତଳିର ସେହି ଗଣିକା ବସ୍ତିରୁ
ଅଳସ ଦେହରେ / ନିଦ୍ରାଳୁ ଆଖିରେ,
ଅଥଚ ସେତେବେଳେ ତମେ
ଶୋଇଯାଇଥିବ ଜଲୋଟାଙ୍କ ସଂଗୀତରେ
ଶୀତଳ ଶଯ୍ୟାରେ ।

ତମ ଶେଷଦିନର
ସେହି ଦୁଃଖଦ ପାହାନ୍ତିରେ ବି
ସବୁ ଖବରକାଗଜ ପୃଷ୍ଠାରେ ଥିଲା
ଲୋମହର୍ଷଣକାରୀ ଧର୍ଷଣର
ବିକୃତ ସମ୍ବାଦ / ଯୌତୁକ ଯୁଇରେ
ଜଳୁଥିଲା ବିଚରା ଯୁବତୀର
ରକ୍ତ, ମାଂସର ଦେହ,
ଅସହାୟତାର ହାତ ଲମ୍ବି ଆସୁଥିଲା
ଘର / ପରିବାର / ପ୍ରଶାସନ
ଥାନା ବାରଣ୍ଡାରୁ
ହୁତୁହୁତୁ ଜଳୁଥିଲା ପେଟ୍ରୋଲ
ବା କିରୋସିନୀ, ତା'ତଳେ ଶୋଇଥିଲା
ଏ ଦେଶର ଦ୍ରୌପଦୀର ଦେହ।

ତମ ଶେଷଦିନର ସେହି
ଦୁଃଖଦ ପାହାନ୍ତିରେ ବି
ଅଧାଲେଖା ରହିଗଲା ତମ ହାତଚିଠି
ତମ ଭାଷା ପଢ଼ିବାକୁ ଘରେ ଥିଲା
ଆଉ ଦୁଇ ଆଖି,
ତମ ଦୁଃଖ ବୁଝିବାକୁ ଘରେ ଥିଲେ
ଯେଉଁମାନେ, ବନ୍ଦ ଆଖି ପତାତଳେ
ଆଦ୍ର ତର୍ପଣରେ / କାରୁଣ୍ୟର ବିକଳ ଆକୁତି
ଅଧା ରହିଗଲା ସବୁ ନିବୁଜ କୋଠରୀ ତଳେ
ଆଉ ଅଧା ରହିଗଲା ବାକି।
ତମେ ଫେରିବା ବେଳକୁ କ'ଣ
ବନ୍ଦ ହୋଇ ଯାଇଥିବ
ଟି.ଭି ର ଲଙ୍ଗୁଳି ନାଚ ?
ନା ତମ ପ୍ରିୟ ପ୍ରଶଂସକମାନେ
ଜଲୋଟାର ସଂଗୀତରେ

ଦୁଇହାତ ଉପରକୁ ଟେକି
ଖୋଜିଥିବେ ସ୍ୱର୍ଗୀୟ ସଂପଦ ?
ତମ ଶେଷଦିନ ଭଳି
ସବୁ ପାହାନ୍ତିରେ ହିଁ
ତମାମ ଦେଶରୁ ଆସୁଥିବ
ଧର୍ଷଣର ନିୟମିତ ଦୃଶ୍ୟ ।
ହେ ଭଗବାନ,
ଶେଷ ହେଉ
ଧନଞ୍ଜୟ ମାନଙ୍କର ଦିନ
ଶେଷ ହେଉ
ଧର୍ଷଣର ଦିନ ।

■

(କିଛିବର୍ଷ ପୂର୍ବେ ଧର୍ଷଣ ଅପରାଧରେ ଫାଶିଖୁଣ୍ଟରେ ଝୁଲିଥିବା ଧନଞ୍ଜୟର ମୃତ୍ୟୁରେ ରଚିତ ଏ କବିତା)

ଗୋଟେ, ଅବୁଝା ସକାଳ

୨୦୨୦, ମାର୍ଚ୍ଚ ୨୦।
କହିନଥିଲା କି କାଲି ଅନ୍ଧାର
କୁଆଁତାରାକୁ, ଫୁଲ ହବାକୁ
ବେଉରା ଦେଇ ନଥିଲା ପବନ
ପକ୍ଷୀକୁ, ଗୀତ ଗାଇବାକୁ,
ଆକାଶଟା କାହିଁକି ଦିଶୁଥିଲା
ତମତମ ଅନ୍ଧାର।
ସେମାନେ ବି ଉଠିଲେ
ଅନ୍ଧାର ଆଖିରେ, କିଛି ଦେଖିବା ଆଗରୁ
ଆକାଶ ଫର୍ଚା ହବା ଆଗରୁ ସେମାନେ
ଚାଲିଗଲେ।
କିଏ ଦେଖିଲା କି: ତା ତିର୍ଲା ଆଖିରେ
ପାହାନ୍ତି ଜହ୍ନର ଛାପ? ନା।
କିଏ ଶୁଣିଲା କି: ଛେଉଣ୍ଡ ପୁଅର ଓଠରୁ
ଝରିପଡୁଥିବା ନିର୍ଦ୍ଦୋଷ ଡାକ? ନା।
ସେପଟୁ ଶୁଭିଲା:
ଉଠ୍‌ରେ ପୁତା
ପୂରିଲା ମାଣକ ॥
ହଁ ମାଣକ ପୂରିଗଲା ସେମାନଙ୍କର।

: ଥୋକେ ଫେରିଗଲେ
: ଥୋକେ ଘେରିଗଲେ
: ଥୋକେ ଝୁରିହେଲେ
: ଥୋକେ ଘାରିହେଲେ ।
ଆମ ଇତିହାସ: ସେଦିନ
କଳାଧଳା ଫଟୋ ଭଳି
ଲାଗୁଥିଲା, ଚଷମା ତଳର
ଗୋଟେ ପୃଷ୍ଠା ପରି ଅସ୍ପଷ୍ଟ ।

ଏ ସକାଳ,
: ମନେ ପକେଇ ଦିଏ
ସେଦିନର ଗୋଟେ ଜାଡୁଆ ରାତିର
ନିଦାରୁଣ ଚିତ୍ର / ଚରିତ୍ର,
ଛନଛନ ହରିଣୀ ଆଖିରେ
ଘର ଫେରନ୍ତା ମାଆ,
ଜାଡ ଥୁରୁଥୁରୁ ବୁଢା ବାପା ।
ହେଲା କ'ଣ, କୁଆଡୁ ଆସିଲା
ଏ ପଟେ ନିଆଁ ଆରପଟେ
ଶିକାରୀର ଜାଲ, ଆଖିରେ ଝୁଲ ।
ନିମିଷକେ ଖିନ୍‌ଭିନ୍ ତା' ଦେହ
ନରରାକ୍ଷସ ଓଟାରୁଥିଲା କି
ମାଂସ ପଳପଳ, ପଞ୍ଝାରେ ରକ୍ତ
ଅବଶ ଦେହ, ଛିଣ୍ଡା ଲୁଗା
କିଛି ମଦ ବୋତଲ ଆଖିରେ:
ଲାଖିଥିଲା ଫଟୋ ସେ ରାତି ଦୃଶ୍ୟର ।
ସେ ରାତିରେ ଦିଲ୍ଲୀର ଆକାଶ
: ଦିଶୁଥିଲା ଧର୍ଷିତା ନାରୀଟେ ପରି
ବିବର୍ଣ୍ଣ, ବିବଶ ।

ଆଜିର ସକାଳ କହିଲା:
ହେଜିଥିଲା କି, ସେଦିନ ରାତିରେ
ନିଜ ଜାଲଣା ବାଟେ ଅପେକ୍ଷାରେ ଥିବା ତିର୍ଲାର ମୁହଁ
କାଡବରୀଟେ ନପାଇ ଶୋଇ ନଥିବା ପୁଅର ଅଳି
ବୁଢାବାପା ପଚାରୁଥିବ: ଫେରିଲାଣି ନା ନାହିଁ ବିଶିକେଶନ
ଆଜି ଦିଲ୍ଲୀରେ ବେହାଲ୍ ଶୀତ ।

କେବେ ହେବ,
କେବେ ହେବ
: ନିର୍ଭୟାମାନଙ୍କ ପାଇଁ
ଦିନରାତି ସବୁ ସମାନ
ମନେ ପଡନ୍ତି ବାପୁ,
: ମୁଁ ଅଛି ଅପେକ୍ଷାରେ
କେବେ ଆସିବ ସେ ରାତି
ନିର୍ଭୟାର ଭୟଶୂନ୍ୟ ରାତି
ମାର୍ଚ୍ଚ ୨୦, ୨୦୨୦ ସକାଳ
ନେଇ ଆସୁ
ଶୁଭରାତି, ଶୁଭରାତି ॥

■

BLACK EAGLE BOOKS

www.blackeaglebooks.org
info@blackeaglebooks.org

Black Eagle Books, an independent publisher, was founded as a nonprofit organization in April, 2019. It is our mission to connect and engage the Indian diaspora and the world at large with the best of works of world literature published on a collaborative platform, with special emphasis on foregrounding Contemporary Classics and New Writing.

www.ingramcontent.com/pod-product-compliance
Lightning Source LLC
Chambersburg PA
CBHW020541080526
44583CB00013B/940
9781645602491